找回生活的仪式感

侯聪 著

愿你每一天 都能看到光，触到爱！♡

图书在版编目（ＣＩＰ）数据

找回生活的仪式感 / 侯聪著. -- 长沙 ： 湖南科学技术出版社，2019.1

ISBN 978-7-5357-9990-6

Ⅰ．①找⋯ Ⅱ．①侯⋯ Ⅲ．①女性－生活方式－通俗读物 Ⅳ．①C913.3-49

中国版本图书馆 CIP 数据核字(2018)第 247183 号

ZHAOHUI SHENGHUO DE YISHIGAN
找回生活的仪式感

著　者：侯　聪
责任编辑：李文瑶
出版发行：湖南科学技术出版社
社　　址：长沙市湘雅路 276 号
网　　址：http://www.hnstp.com
湖南科学技术出版社天猫旗舰店网址：
　　　　　http://hnkjcbs.tmall.com
邮购联系：本社直销科 0731-84375808
印　　刷：长沙市雅高彩印有限公司
　　　　　（印装质量问题请直接与本厂联系）
厂　　址：长沙市开福区德雅路 1246 号
邮　　编：410008
版　　次：2019 年 1 月第 1 版
印　　次：2019 年 1 月第 1 次印刷
开　　本：889mm×1194mm　1/16
印　　张：12
书　　号：ISBN 978-7-5357-9990-6
定　　价：45.00 元

　　如果你一直在追逐自己想要的生活方式、热爱美妆；如果你在梦想实现以前或以后，都会认真吃好每一餐，过好每一天。那么，你可能会认识我。如果你真心不知道我是猴子派来的哪位救兵，说起我近4亿多总阅读量个人微博话题"侯老师小生活如是说"不知你是否会有些许的耳熟。

　　不了解的请自行微博搜索喽！大家给了我一些称呼，例如：文化专栏作家、多家电视节目或报纸、杂志专栏的特邀专家等。但我比较喜欢的称呼是健康美肌顾问和生活美学家。因为我将"侯老师小生活如是说"这个话题当作是我记录生活点滴的日记本。在那里我分享美妆资讯、生活态度、幽默趣事、萌宠见闻等。也因此有了粉丝的支持、大家的喜爱，认真分享美、传播爱。我并不会说这是我的工作，有义务去做好它；而是因为我热爱我在做的事情，所以愿意花时间给粉丝解决肌肤困扰和误区，或是评测各种美妆产品选出爱用好物，给到有需求的人。看到别人在我的帮助下肌肤与身心都变得更好，会感觉有阳光照进了心里。

　　在这个互联网发达的时代，虽说一个手机走天下，却觉得很多美好，都在快节奏的生活中被忽略、忘却；或是变得虚无缥缈，看不见，摸不着。

对于我这种爱看书胜过爱看手机的人来说，一本拿在手里的书是真实的美好。当你的指尖传来摩挲纸张的触感，鼻子闻到书本独有的香味，耳朵听到翻页的声音，并随着眼睛一行行一句句走进作者内心深处的奇妙感受，这都是透过电子屏幕所不能及的。

在我还是一家出国留学机构的工作人员时，出于对美妆行业的向往以及热爱，毅然裸辞。当然，这个决定并非冲动。说起走上美妆行业的另一个契机，得益于青春期肌肤状态不好，不停地爆痘，曾因此被爸爸指着鼻子问我能不能拯救一下我的脸。还好当时妈妈在开 SPA 馆，在她的帮助下，青春期并没有在我的面部留下一些痘印。也正是在赶走青春痘的同时，与美妆结下了不解之缘。当然，这也让我开始关注生活的细枝末节，关注那些可能会被大家忽略的、属于生活本质的、小而美的情绪或者故事。

而这些生活中的小细节，则逐渐连接成了我生活中的仪式感。这是我改变自己工作行业的初衷，也是我写这本书的初衷。希望大家在看过这本书之后，寻找更好的自己，同时也更加爱自己。

　　不是说，从什么时候读书都不算晚么？那么让自己的生活变得更美，让自己变得更美也是什么时候都不会晚。如果你说："不，真的有点晚了。"这可能是你在为自己的懒惰找借口。因为，打开这本书的时候就是你刚刚好开始蜕变的时候。

　　愿你在《找回生活的仪式感》这本书里；在"侯老师小生活如是说"的陪伴下，发现那些让你快乐，让你哭，让你笑的诸多感动，未曾离开。

　　生活一直都需要仪式感，平凡无奇不是所有人生活的写照，轰轰烈烈才是大部分人生活的本真。

　　来吧，让我们点一根茉莉线香，泡一杯乌龙茶，放一首舒缓带雨声的音乐，一起翻开这新的一页。找到那未曾离开，或许只是因为忙碌，暂时被你遗忘在心里某个角落的：关于生活的仪式感。

目录
CONTENTS

PART **1**

第一章：给职场女性的三个建议

PART **2**

第二章：敏感肌没救了么

PART ❸

第三章：新手妈妈一定要走放弃人生的路线么

PART ❹

第四章：如何做一个美美的"空中美人"

PART ❺

第五章：与宠物的相处

PART ❻

第六章：海边保养秘籍

111

PART ❼

第七章： 美丽到牙齿

123

PART ❽

第八章： 手脚护理

139

PART ❾

第九章： 如何保养头发与头皮

PART ⑩

第十章：内调外养才能变成真美人

PART ⑪

第十一章：如何去健身房脱单

PART

1

第一章
给职场女性的三个建议

TO OFFICE LADY

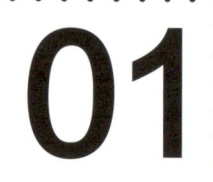

如何在上班路上画好一个通勤妆

你的日常生活中是否经常上演如下情景：在左一遍闹钟右一遍闹钟的"滴滴"声中磨磨蹭蹭爬出被窝，睡眼惺忪、迷迷糊糊开始洗漱化妆。期间不停拿起手机确认今天真的是周一，而且时间一分一秒过得特别快。虽然你很想倒头继续睡，但总因不能素面朝天去上班的现实而变得清醒！于是，你洗完脸咬咬牙，拍化妆水；开始祈求有一位低体脂的肌肉霸道总裁拯救上班"过敏"的你。当然，对于爱美女性，既能多睡半小时又能妆容完美地去上班当真不可求！毕竟在这个快节奏的时代里，如果能每天多睡半小时的话，就好像是上辈子拯救银河系修来的福气。而且为了对抗黑眼圈、为了让护肤品更好地发挥功效、为了缓解肌肤的衰老等问题，美容觉就显得尤为重要。那么，留出 5 分钟画好一个妆容可好？绝对没问题！但想想 5 分钟能够让你在上班快迟到的压力下将眼影晕染细致？睫毛涂得层次分明？眼线画得行云流水么？

于是，你可以选择在上班路上化妆。当然，如果你早上的保湿工作不能按部就班左一个化妆水右一个精华的话，就请无论何时何地都要在晚间做好护肤功课，给肌肤一个稳定的健康状态。记得有一次夜间长途飞行中，飞机刚起飞就听见斜对面的大爷和他旁边的朋友说："我要敷面膜了，每天都要敷，不敷睡不着觉！"我心中暗暗给大爷的精致点个赞。谁说护肤这事儿只是女人的专利，男士们护肤化妆怎么了？爱美之心人人皆有嘛！

再说回通勤妆。地铁里、出租车上、公交站点旁总是能看见嘴里咬着汉堡、使劲向脸上拍粉、描眉补妆的人。地铁等公共场所人流量大，不仅穿衣各有风格特点，妆容也是各有千秋。我们大多数人靠这些交通工具穿梭在高楼大厦之间，于是这中间的路程时间，就可以成为解决你妆容问题的一个好时机。但显然很多人对于如何在上班路上画好一个通勤妆持保守意见。

上班路上画好通勤妆主要对抗的问题有两个：路人异样的眼光和颠簸的交通工具。也许路人对你异样的眼光是惊艳于你妆前妆后的极大反差，别在意，把路人都当成快递小哥就好，毕竟还是有很多快递小哥见识过你的庐山真面目后，仍然没有遗忘你任何一个包裹对不对？如果是这样没在怕的心态，便能够在上班路上化好通勤妆。

一、做好前期准备工作才是重中之重

1. 选择有提带或拉链的化妆包。在人潮拥挤没有座位时将化妆包挂在手上，方便拿取化妆品和避免化妆品掉出或被踩踏。

2. 轻装上阵，不要大包小包。除了每天置于家中的化妆品，建议多准备出一套简洁版必备化妆品置于包中。比如说准备好气垫、小盒装散粉、眉笔、单块眼影、眼线笔、睫毛膏、口红。避免早起着急丢三落四。即便忘记带眼影、腮红也不要慌张。毕竟利用口红一物多用画腮红和眼影的技巧很多人都知晓。

3. 建议多选择膏状的化妆品。尽管如今的化妆品层出不穷，但膏状化妆品是最适合上班路上画通勤妆的。例如眼影膏、腮红膏等，不需要刷子，上手涂抹即可，使用方便，并且相比较眼影粉、腮红粉而言不会掉粉，防止粉末飞溅沾染到自身或他人衣物带来不必要的麻烦。

4. 选择小镜子。小镜子既携带方便，又不会太惹人注目。 选一面你觉得可以把你照得很美的气垫或腮红盒中的镜子吧。千万不要突然拿出一把一尺见方的美少女战士化妆镜，来宣告你要开始变身了！

5. 选择颜色不会过于浓烈的眼影。因为司机叔叔是不会在意是否有人在车上化妆的。但他深一脚浅一脚的油门刹车可能会让你的小清新妆容变成烟熏妆或是万圣节妆，使用颜色不浓烈的眼影才能保证眼妆不出大错。

二、通勤妆投机取巧的美妆小贴士

1. 可以在家里花两分钟快速将**眼线**画好，剩下的其他妆容部分在上班路上解决。

2. **半永久**也是不错的选择，上班路上打个底，伪素颜妆容就完成了。再加上简单一点的彩妆修饰即可。

3. 起晚了这件事情，对于喜欢早上洗头发的人绝对是致命的打击，头发油到不行，刘海也变成一缕又一缕。**免洗头发喷雾**是晚起患者的福音，均匀喷洒于头发上后，用干毛巾一搓即刻解决头发出油迹象，还可以让发丝自带清香，制造洗发的假象。我也看到过很多人分享说将散粉或者痱子粉扑到头上缓解头发出油，方法虽可行，只不过总感觉哪里怪怪的，也是心疼头发一秒，不如把头发扎成一个高高的马尾，或是选择佩戴发带之类的来遮掩出油的发丝，让你青春活力不油腻！

Part 4　乘飞机　敷面膜　搞定
About　穿什么　　　　温差
"空中美人"

Part 5　爱你的　过敏　与"毛"
About　方式　　　战斗
宠物

Part 6　装备　彩妆
About
去海边

三、多锻炼熟能生巧，但早睡早起才能皮肤好

对于在上班路上手抖造成的"恐怖妆容"，奉劝各位一句：多健身，增加臂力和平稳度还是有必要的。

不过天天上班路上化妆也是够累的，做好肌肤的各项保养功课，就算晚起没有时间化妆，上班通行依靠自行车腾不出来手化妆等，也能因为肌肤自身绽放的容光拥有好气色！早睡早起，精神状态与肌肤状态都能呈现满分。另外提醒经常在上班路上化妆的人：记得经常清洁化妆品，因为上班路上人数较多，环境也相对恶劣，细菌会侵袭你的化妆品，对肌肤造成隐藏伤害。

HERA

Hera 赫妍焕肌气垫霜

AGE REVERSE CUSHION 15 g x2

- -

hard formula   hard 9

shu uemura

植村秀

Shu Uemura 植村秀砍刀眉笔

HARD FORMULA 4 g

02 如何下班迅速变身派对妆

"上班工作精神紧绷，下班放松派对走起"是很多人的生活状态。曾经问过一位朋友：每天工作劳累不堪，如何在迈入餐厅酒吧的一刻，让自己所有的辛苦都烟消云散。她说："精致的妆容，会在你走过的空气中，留下你性感的印记。受到别人的关注时，你会发现远比下班回家躺在床上玩手机要开心得多。"

没错，有些工作是为了生活不得不做，却也能够带给我们更多收获。当然，很多派对、饭局多是建立在提案成功、合同签约、领导大婚、同事生日、公司聚餐等的基础上，那么清新淡妆如何秒变派对妆，一鸣惊人展现不一样的你呢？

妆容要点 Main Points

如何在短时间内迅速变身，如何在派对上艳冠群芳？

一、姣好面容

以纸巾 – 保湿喷雾 – 纸巾的使用顺序，去除多余的油脂并为肌肤补充水分。用粉饼轻压面部进行补妆，再用刷子搭配深色修容粉轻扫脸颊两侧、搭配浅色修容粉提亮 T 区，让整体妆感更立体。

二、魅惑双眼

　　有调查说，男人第一眼会注意的，不是女人的胸部，而是眼睛。嘈杂喧闹的派对上，擦肩而过，四目交错，电光火石间爱恨了然于心。最性感的女人只需一个眼神，便足以让男人们拜倒石榴裙下。深邃的眼廓，魅惑的眼影和长睫毛，是点燃初见时那绚烂烟火的引子。

1

眼影色调可以大胆些，
选择**色彩饱和度高**且可以
提亮自己肤色的色系。
并且浓墨重彩地画上去，
加重双眸深邃感和神秘感。
或选用平时不太敢用的**珠光眼影**，
可以令你在夜晚熠熠生辉。

2

卷翘自然的**长睫毛**造型，
是近年来的大热，
帮助你大放异彩。

3

适当**加强眉毛的颜色**，
不要让派对上昏暗的灯光
使你秒变无眉怪！

三、娇艳朱唇

除了眼睛，嘴巴不仅可以甜言蜜语，试探和挑逗，而且是法式深吻的触发地。

丰盈、弹润、饱满和娇艳的双唇，让他一眼就在人群中看到你。

走近你的身旁对你说：原来，你也在这里……

1. 唇部保养要从平时做起，随身带支润唇膏每天涂 10 次。在家的时候，常用蜂蜜或橄榄油涂抹，都可以帮助增加双唇的滋润度。

2. 涂口红前，选择一支润泽度超强的润唇膏，在涂抹唇色之前打底，轻咬纸巾带走多余滋润膏体后再涂口红，和唇纹说拜拜。

3. 选择一支适合自己的唇膏色号，颜色不妨娇艳浓烈些，让派对妆容更加吸引眼球。

四、修长双手

手是女人的第二张脸，手部肌肤好与坏会直接暴露你的年龄哦！在频频举杯的派对上一双粗糙暗淡的双手可是会遭人嫌弃的。

1. 护手霜、护手霜、护手霜！重要的事情说三遍，随身带，洗完手就要涂！手腕、手肘的部位也不要忽略好嘛!

2. **指甲油**颜色也是重头戏，结合你要参加的场合，大胆启用平时的"禁忌"色吧。

五、摇曳身姿

还记得《青蛇》里她们刚出道成人尚不会走路时，在临湖小道上扭啊扭、扭啊扭的走着，不知道多少贪看的路人因此掉入河中。当然也不要忘记：优雅是我们需要时刻注意的一个关键词。

通过选择适合的服装，遮盖缺点、放大优点，最大限度地修饰身形。倘若下班没有时间回家换衣服，可以将衣服改成多穿款。例如：职业装恰到好处地解开扣子露出迷人锁骨、T恤变成单肩款或露脐装等。高跟鞋也是展现女人魅力的法宝。似乎踩上高跟鞋的同时，也戴上了隐形的皇冠。Sarah Jessica Parker 在《欲望城市》中有句经典名言："爱情总会流逝，好在鞋永远都在。"所以可以在公司备一双高跟鞋，下班后穿着高跟鞋打开你性感风情的开关。

六、秀发柔美

不论上班时你是高马尾还是黑长直发，下班参加派对时低马尾、偏侧分都是不错的选择。或者适当来点发胶，梳个背头来展现不一样气场的你。

七、香气飘飘

香水是我们灵魂最美丽的衣服，所以几乎是没有人不爱香水的。即便你喜欢让自己的灵魂在流年的草原上没有束缚地奔跑，参加派对时也请喷洒香水，使之成为他人对你记忆的载体。膝盖后方、腰部、脖子后方还有耳后都很适合涂抹香水。

这些地方由于体温的关系会让香气停留时间更持久。在办公室上班的时候，则建议把香水喷在裤子或裙子的下摆上即可。避免让香水的味道成为你无意间攻击他人的武器。

改变妆容就像打开了一扇异次元世界的门。暂时模糊掉你自身的固有属性，却平添许多神秘魅惑的味道。现在，是时候甩掉工作和麻烦，下班迅速变身派对妆，在派对上把自己的性感魅力如涟漪般散发出去了。

侯聪专业推荐

MAGIC HAUS

摩殿 MAGICHAUS 2 分钟浓密睫毛液

Instant Lash　7 ml

首先来做一个测试:

上班发现新老板竟然是前男友,你会选择:

A 快速辞职逃离硝烟战场,避免抬头不见低头见

B 假装不认识,心中默念"看不见我"

C 迅速跑到卫生间变妆,用魅力"杀"他个片甲不留,让前男友为你的美丽
   折腰,让他后悔去吧!

选择 C 项的请继续看以下文章内容,选择 A 项或者 B 项的更有必要看接下
来的内容。因为你需要梁静茹的《勇气》,而勇气需要化妆。

　　我们都知道大致上男女朋友分手后的相遇情形为:分手我们还能做朋友的概率较小,

多数为再也不见、老死不相往来,街头偶遇确认过眼神你不是我命中注定的人也是偶尔

才会有的尴尬时刻,虽然上班发现新老板竟然是前男友多为电视剧中的桥段。但毕竟人

生没有彩排,如果真遇上这种机缘巧合的事情,怎么能不变妆惊艳,让他知道他错过了

多少。以免那句熟悉的:"你过得好么?"问出口,勾起前尘往事,易带来淡淡忧伤。

那么究竟该如何变妆"杀"得前男友片甲不留？大部分的男士都比较偏爱淡妆的女士，对于烈焰红唇、烟熏妖媚的诱惑有距离感，而邻家女孩风、清纯可爱型则受到众男士的一致好评！

面对新老板竟然是前男友，这里给到 5 个迅速变身的建议：

1
马上用
保湿喷雾 + 纸巾
的方式去除你面部
多余的油光
和干涸的卡粉。

2
遮瑕膏 + 底妆 + 定妆粉
帮自己恢复到
早上刚出门时候的
清透无暇底妆状态。

3
把眼线的尾巴
向上提，让你看起来
自信有气场。

4
把**高光**自然地涂在
自己的眉骨、眉心、鼻梁
与苹果肌的位置。
让你看起来
容光焕发。

5
换一支
大红唇膏
涂起来！

总之，一句话：老娘要放大招啦！！！

如果你看不太懂上面的步骤应该如何完成，可以在我的微博 @ 侯聪 Kevin 搜索相关内容。当然，贴心的侯老师也帮你在下面准备了一些必须了解的美妆小贴士。

一、好妆底为先，依靠轻盈底妆展示肌肤完美状态！

吹弹可破的水光肌，持久轻盈的底妆是自信的来源，也是疗愈分手的制胜武器。

在打造底妆时存在很多小误区需要避免哦。

━━━━━ 底妆的那些小误区 ━━━━━

01

涂抹 BB 霜后不需要再上粉底液。CC 霜、BB 霜、粉底液都属于底妆类，如果你使用了 BB 霜之后定个妆就好啦！杜绝重复工作带来的肌肤负担，同样还能节省不必要的开支，一举两得！但如果你今天偷懒没有好好做这些，面部瑕疵多到像满天星星一般数不清，那么迅速地去卫生间帮自己做好弥补的遮瑕功课后，也不要忘记定妆这个步骤。

02

一定要定妆！平常化妆的顺序应该是按照先遮瑕、后粉底、再定妆的顺序，让遮瑕膏、粉底乖乖停留在肌肤指定位置。但是也别遮瑕完就定妆，上完粉底又定妆，你想在你脸上建造地球上最厚的防护城墙吗？

03

上底妆跟刷墙一样？你咋不上天呢！上底妆也需要正确的方法！用指腹将底妆产品在脸上涂抹 5 点，再把手指并拢，用中间三根手指的指腹以打圈的方式将粉底拍开来。这样呈现出来的妆感会更加自然，也不会出现颜色不均的情况。避免造成前男友认为是他的到来扰乱了你化妆阵脚的现象。

01

妆前肌肤护理：如果是烦人的夏季，出油、出汗导致皮肤水油不平衡，容易出现卡粉、脱妆、满脸油光等问题，所以肌肤有完美的水油平衡度，才是好妆容的前提。

简单来说，肌肤护理按照洁面、化妆水、肌底液、补水精华、美白精华、紧致精华、眼部精华、眼霜、乳液、面霜的顺序进行。保证第二天面见新老板前男友后，让他对你有新认知。

02

肌肤的隔离防护：别傻傻地以为涂抹了基础的护肤品及底妆产品，天天坐在办公室就不需要防晒哦。紫外线可是个无孔不入的小妖精，没有使用专门对付它的秘密武器，它可是会在你娇嫩的肌肤上肆意撒野的。

在涂抹防晒霜时，记得均匀涂抹在脸部、耳后、脖子、四肢等容易暴露在阳光下的部位。很多人面上无斑，耳朵上有晒斑，要不要自我反省一下呢？况且斑点的存在会让你在前男友面前显老 5 岁。这不太好吧！

03

打造持久、轻盈底妆：

A 选用比肤色暗一号的遮瑕膏，点涂于黑眼圈、痘印、斑的位置，还可以选择最亮的遮瑕膏，用来涂抹于 T 区，让妆感更立体；

B 用深色的粉底液涂抹在颧骨下方、额角的位置打出脸部阴影；

C 选择与肤色相近的粉底打亮 T 区、眼袋、下巴；

D 用蜜粉按压 T 区、眼袋，遮瑕的位置也要重点扫过。切记要少量多次，避免容易结块和肌肤纹路变明显；

E 底妆也要定妆，妆效才会持久。上定妆粉时，均匀扫在脸上、脖子，让面部、颈部的颜色轮廓过渡更自然；

F 将高光产品打在 T 区、法令纹及下巴，增加面部立体感；

G 最后一步就是腮红啦！微笑，突出笑肌，用腮红从下往上斜打在笑肌的位置，拉长脸部轮廓，妆感更清新。

016

Part 1
About
职场女性　通勤妆　派对妆　"前男友"妆　Part 2
About
敏感肌　洁面　保养　Part 3
About
新手妈妈　情绪管理　极简护肤法　一抹红唇

二、完美轻盈底妆准备好了，眼妆的部分也是需要一万分关注哟！

画眼线时一定要紧贴睫毛根部，用一只手提起眼皮，使睫毛根部充分露出来，然后沿着睫毛根部画出细细的一条若隐若现的眼线，后眼角适当向后拉长，并向上提，可以放大眼睛的同时，让你看起来更自信。眼影选择大地色、酒红色一类的眼影打造柔美、稳重感即可。平日里建议大家使用眉粉，从眉尾下方慢慢填满眉间的空隙，均匀过渡到眉头。

三、不能遗漏的唇妆！

最后为充分滋润过的嘴巴涂上一支大红唇就搞定啦！当然，你也可以选择自然又略红润的玫瑰红、珊瑚色等唇膏，为双唇增添粉嫩，带出满满的少女感。一款简单的让前男友悔到肠子发青的妆容就全部完成啦！

但是，在这一节的最后我想说：学会化妆，并每天化妆是爱自己的表现，也是展现自己魅力的方式，感情可能会来来去去。不管你是否现在在恋爱中，每天都要记得好好关爱你自己。

侯聪专业推荐

ESTĒE LAUDER
雅诗兰黛

雅诗兰黛持妆粉底液

Double Wear　30 ml

PART

第二章
敏感肌没救了么？

ABOUT SENSITIVE SKIN

 **每次换季皮肤就大红脸，因为你洗脸的方式不正确**

敏感，是现代人的一大特征。

但，敏感并不是一件坏事；因为敏感可以让我们变得勇敢。

在我的观念里，和别人高谈阔论自己或明星的八卦绯闻、百万级的生意或是要消灭掉试图毁灭银河系的怪兽都不叫勇敢。真正的勇敢是你勇于做最真实的自己，甚至是面对自己最糟糕的肌肤状况。

但是，肌肤的敏感，有时也是来源于内心的敏感。

比如说我养的六只猫，他们对声音、光线、气味、温度，甚至是我的情绪都非常的敏感。其中有一只叫那那。她是一只白羊座，平时用一种温婉可亲的云淡风轻镇住全场所有的猫咪。但是，如果她突然发现找不到自己女儿蓝妹妹的时候，就会嘴巴里叼着她女儿最喜欢的一只毛绒玩具小鸡，发出焦虑的声音，楼上楼下来回寻找。找到之后，她会把玩具往她女儿面前一丢，用前爪往前推一下，意思是：快玩吧，你怎么忘了你最喜欢的小玩具呢？

这样煽情的戏码，每每被我看到就会让我觉得猫的内心很敏感，很柔软，很温暖，充满了爱。

 Part 1
About
Office Lady

通勤妆　派对妆　"前男友"妆

 Part 2
About
敏感肌

洁面　保养

Part 3
About
新手妈妈

情绪管理　极简护肤法　一抹红唇

SUBTRACTION

ADDITION

而我们的肌肤同样也会变得非常敏感。以下的问题，你有没有遇到过呢？

换季时经常有粉丝在我的微博和订阅号后台询问我各种有关肌肤敏感的问题，例如：每次换季皮肤就大红脸感觉自己丑丑的怎么办？肌肤干燥、脱皮，伤心难过到不行等诸如此类的问题。我会反问你没有按照我教给你的方法来好好洗脸吧？

我们可以把肌肤的护理简单分为**"减法护肤"**与**"加法护肤"**。

卸妆、洁面、去角质这些都是把我们肌肤上一些不需要的老化角质、分泌的多余油脂或皮肤上粘附着空气中的脏物质清洁下去的过程，所以称之为：**减法护肤。**

涂抹眼霜、精华、为面部做提拉紧致的按摩、敷面膜这些帮助我们肌肤补充水分与能量的过程，就称之为：**加法护肤。**

接下来就和大家说一说：关于换季敏感减法护肤的三件事儿。

关于换季敏感减法护肤的三件事儿
Main points

第一件：洗脸
第二件：去角质
第三件：去黑头 & 细致毛孔

一、洗脸

如果我说：现代绝大多数的人，都不太会洗脸。你一定不同意。

那么，请对照一下镜子：有没有发现自己额头区域的肤色沉淀要比 U 区、脸颊的色素沉淀较高，也就是额头部位的色泽偏深一些呢？

Part 1
About
Office Lady
通勤妆　派对妆　"前男友"妆

Part 2
About
敏感肌
洁面　保养

Part 3
About
新手妈妈
情绪管理　极简护肤法　一抹红唇

另外，有没有发现自己爱过敏的区域是自己的脸颊 U 区?

那么，你为什么洗脸的时候还要先洗和重点揉搓 U 区呢?

从今天开始，请你先洗 T 字部位的肌肤，行吗?

好吧，多解释一句：毕竟大多数人的额头 T 区部位的角质层偏厚，而脸颊的 U 区部位的角质层较薄。

而且经过这么多年的洗脸习惯都是先洗脸颊，也会造成双颊部位的区域肌肤更薄。

加上受环境影响，双颊的部位更容易出现细小干纹和红血丝。

所以建议大家在洗脸的时候先洗角质层较厚的额头和鼻翼。

将洁面产品置于掌心，添加适量温水，用双手轻轻揉搓出泡沫后再使用到面部，这样是为了避免洁面产品在起泡的过程中对肌肤产生刺激。

二、去角质

去角质，并不代表要把角质层完全去掉！

因为角质层具备帮助我们肌肤锁水、抓水并且抵抗环境对肌肤侵袭的功能。

所谓去角质，是为了防止多余废弃角质长期堆积在面部造成肌肤脱皮、干燥、油脂堆积形成小黑头，温和地去除肌肤表面的老化角质层的功课。当然，调理好角质层，也对提高后续保养品的吸收有帮助。

可以在清洁干净后的面部用温和的磨砂类去角质产品轻轻打圈按摩角质堆积的地方，像鼻翼、额头、唇角都是角质层较厚的部位，一两分钟后温水清洗干净就可以了。

虽说角质层需要去除，但是因为面部肌肤柔嫩，也不需要大力地揉搓，只要轻轻按摩就可以。而且面部磨砂也不需要每天都做，如果每天使用反而会对肌肤造成损伤，建议大家一周或两周做一次就可以了。

另外，我个人很喜欢**去角质的冷霜**。

洁面后，涂抹爽肤水，薄薄地涂抹一层。

待它干透，轻轻地揉搓肌肤，清洗去角质冷霜的同时，也会帮你温和地把肌肤表面的老化角质带下来。

Part 1
About
Office Lady

通勤妆　派对妆　"前男友"妆

Part 2
About
敏感肌

洁面　保养

Part 3
About
新手妈妈

情绪管理　极简护肤法　一抹红唇

三、去黑头 & 细致毛孔

黑头应该是最讨人厌的肌肤问题了，光滑的肌肤上突然冒出一两颗小黑头，真的是让人恼火，所以大家想方设法地想将黑头"一网打尽"。

但是，有人知道黑头是如何形成的吗？

当肌肤的油脂腺受到了过分的刺激时，毛孔里就会充满多余的油脂，如果不及时彻底清洁，就会使油脂腺堵塞，时间长了这些油脂腺最终会硬化，经过氧化后变成黑色的小黑头。

当然，也还有一些朋友使用护肤品没有完全被肌肤吸收，也就是你平时花大价钱买来的各种精华和面霜堆积在肌肤里，成了**白头**！

那我们平时该如何预防和清除掉这些我们不喜欢的各种点点呢？

一般对付黑头最常见的方法就是用暗疮针将黑头挤出，虽然可以很快速地去除掉黑头，但是经常跑美容院让美容师帮助挑除很麻烦。而且容易引起毛孔粗大，或者肌肤炎症等问题。更严重的，还会留下疤痕。

网上还有教程说：用新鲜鸡蛋里面那层薄膜贴在鼻头上；当然也有很多人愿意将热腾腾的米饭捏成饭团在面部滚来滚去，利用米饭的黏性吸附走面部毛孔的垃圾。

使用鸡蛋内膜听起来很勤俭持家，米饭团的话，万一黑头、白头没下来，留了一脸白米饭怕是会引起萌宠狂舔吧！

Part 4　乘飞机　敷面膜　搞定
About　穿什么　　　　温差
"空中美人"

Part 5　变你的　过敏　与"毛"
About　方式　　　　战斗
宠物

Part 6　装备　疫苗
About
去海边

侯聪专业推荐

SINCE 1851

科颜氏金盏花爽肤水

**Calendula Herbal
Extract Toner**

500 ml

IOPE

艾诺碧青春焕妍精华液（天才水）

**BIO ESSENCE INTENSIVE
CONDITIONING**

168 ml

ΛLBION

奥碧虹爽肤精萃液

SKIN CONDITIONER ESSENTIAL

330 ml

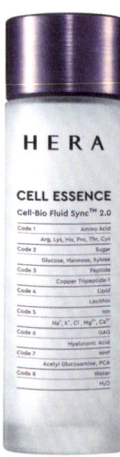

H E R A

HERA 赫妍肌源焕透精华液

CELL ESSENCE

150 ml

所以选择一款对黑头有很好的改善和去除功效的清洁面膜是非常有必要的。

毕竟，你做好了毛孔的彻底清洁，才能让后续肌肤保养品吸收得更好；也让你早上起来上妆变得更容易。

不过，去除完黑头，要记得用化妆水倒在棉片上湿敷一会儿。帮助把毛孔收紧，不然留下毛孔粗大的后患就不好了。也要记得在换季敏感多发期去角质和黑头的频率不要太高哦。

只有洗好脸，做好脸部清洁功课，才能够摆脱换季皮肤大红脸，让肌肤焕然一新，做好与敏感无缘的第一步。

Part 4
About
"空中美人"

乘飞机
穿什么

敷面膜

搞定
温差

Part 5
About
宠物

爱你的
方式

过敏

与"毛"
战斗

Part 6
About
去海边

装备

彩妆

02 换季过敏就停止保养吗

有些东西总是如影随形，挥之不去，*丝丝缕缕缠绕着你*。

比如说春天的花粉，夏天的蚊子，秋天的感冒和冬天的静电。

但是，最让人烦恼的，应该是我们容易敏感的肌肤。

肌肤如果容易过敏，不但要经常忌口，自己喜欢的东西也不能随心用。

说起敏感和过敏，很多人傻傻分不清，其实过敏是说身体接触到过敏源后发生肌肤应激反应。伴随红、肿等症状，严重的还会出现疱疹、痛感、发痒等。说完过敏再来说敏感，这是由于皮肤天生薄皮或是肌肤受损引起的肌肤免疫力下降。主要表现为面部肌肤变薄，易泛红发痒，有明显红血丝等症状。

倘若你依然被过敏和敏感要得团团转，那么，我们来做一个你是否属于"敏感肌"的小测验：

1. 你常常有黑眼圈吗?

2. 激动的时候脸会特别红吗?

3. 每到换季,或者去了新地方。肌肤就会脱皮、发痒?

4. 肌肤容易出现原因不明的丘疹?

5. 会突然连打十几个喷嚏?

6. 一换护肤品就肌肤敏感全面大爆发?

7. 是不是面部红血丝反反复复?

8. 不知道自己吃了什么就开始眼睛发红、鼻塞?

如果回答大部分都是"Yes",你是敏感型肌肤的概率就非常高啦。所以请你仔细看我下面要讲的内容。

一、为什么我们的肌肤变成了敏感肌?

　　肌肤变得敏感似乎已经成为现在很多人的苦恼。几乎一半肌肤有问题的人都会抱怨她们的肌肤特别容易敏感,而且越来越严重,经常反复过敏。

Part 4
About
"空中美人"
乘飞机
穿什么
敷面膜
搞定
温差
Part 5
About
宠物
爱你的
方式
过敏
与"毛"
战斗
Part 6
About
去海边
装备
彩妆

角质层特别薄，伴随着红、痒以及干燥、脱皮等现象，其诱因是多种成因共同作用，像是居住城市的空气环境、生活压力过大、使用的护肤品及过度使用去角质产品等很多原因。

当然，用了不适合自己的护肤品导致肌肤过敏之后就特别爱过敏，也是很多人的心头痛。

二、肌肤敏感一次后就要变成永久敏感肌了吗？

我可以很肯定地告诉你：不是这样的！这点大家可以不用担心。

使用到适合自己肤质的护肤品并配合调养就会大大改善敏感状况。

一旦出现了严重的肌肤敏感问题，建议停止使用任何护肤品，防止刺激皮肤，如果 1~2 天后还是没有任何改善，好吧，快去医院找医生啦。

三、换季过敏当然不能停止保养，这么做才能保护修复敏感肌！

1. 避免在阳光下长时间暴晒

敏感肌很脆弱，长时间经阳光暴晒会使肌肤易产生炎症，出现红血丝。

如果一定要长时间在室外活动，那么我的经典语录再一次重现江湖！

"我出门如果没擦防晒，就觉得好像没穿衣服一样！"

一定要擦防晒 ×3。

重要的事情说三遍！

2. 去角质有禁忌！

敏感肌的人尽量不要使用磨砂或者大颗粒的去角质膏为肌肤去角质，因为这两种产品对肌肤的刺激很大。敏感肌肤本身角质层就特别薄，一旦使用这种过于刺激的方式会导致肌肤更加敏感。

可以选择比较温和的去角质冷霜这一类的产品。也可以使用令肌肤死皮软化的柔肤水，配合化妆棉轻轻由内向外打圈擦拭面部，温和代谢老化角质层，又不伤肌肤。

3. 如果你不是对每个产品很了解，就请不要各个牌子的护肤品混杂使用。

4. 做好清洁功课。用多长时间上妆就应该用多长时间卸妆，眼唇卸妆产品与面部卸妆产品要专物专用。卸妆先卸眼妆、唇妆，卸妆后记得使用温和的洁面产品，再使用化妆绵擦化妆水，来做好肌肤的再次清洁。

洗脸时用 **30 摄氏度左右的温水**洗脸，每个月进行 1~2 次去角质，只针对 T 区、鼻翼和下巴。记得用温和的去角质啫喱或者冷霜一类的产品。保持环境整洁，定期清洁化妆品这些瓶瓶罐罐的表面和化妆工具。

5. 及时为肌肤补充水分。增加精华的用量，提高补水面膜的使用频率，随身携带一款保湿喷雾。

6. 远离肌肤敏感源。使用一次性无纺布洁面巾来清洁面部，定期检查护肤品是否有过期，对于一些比较容易挥洒花粉的植物保持距离，少去公共场所，尤其是有二手烟的地方，给肌肤一个相对安全的环境。

侯聪专业推荐

法国美帕瑞士蓝球洁面晶露
（别称：小蓝胖子）

Activ Clean 50 ml

7. 只有身体健康、水分充足，肌肤才会水润光泽！ 保持充足的睡眠，多吃一些新鲜的蔬菜和水果，促进肌肤新陈代谢的功能，也要多喝水！白开水或是蜂蜜水等都可以。适当锻炼增强体质。

友情提示： 开心是一天，不开心也是一天。如果有得选，为什么不开开心心过好每一天，吃好每一餐，和敏感肌说再见呢？

HELENA RUBINSTEIN

HR 赫莲娜活颜修护舒缓晚霜

Re-PLASTY AGE RECOVERY

50 ml

PART

第三章

新手妈妈一定要走放弃人生的路线么

ABOUT NOVICE MOMMY

01 新手妈妈的情绪管理

一位留学生在新西兰高速上翻了车。打电话报警求救后，交警赶到，对躺在沟里压在车下的他喊话：How are you？ 他迅速地回答：Fine！ Thank you！ And you？然后交警走了……

这则故事原本是在影射传统英语教育对大家的毒害，但我却品出另外一种味道：我们不管和家人还是同事朋友，被问到最近好么？都习惯性回答说挺好的。然后反问对方过得好不好。

或许这是我们默认的社交礼仪；也或许是我们自我保护意识在作祟，不愿意被别人窥探到自己生活。

有没有想过在面对家人或挚友关心你时，用简单质朴的微笑回答对方：我最近过得不太好，你呢？

似乎女生们天生就会被某个道德逻辑绑架：天生就适合做母亲。但，哪个不是一点点学起来？宝宝在那里了，你不管谁管？每个新手妈妈都经历过一种不愿回首的经历：感觉自己站在一个孤立无援的孤岛上，有的只是暗到没有星光的夜空、"哇哇"哭的孩子和无助的自己。放弃的不仅是自己的保养与打扮，最多的应该是与自己独处的时间。

之前孕妇跳楼的新闻刷了屏。且不说网上的新闻，在现实生活中，关于女生孕期 /产前 / 产后的故事我在不经意间听了一个又一个，感觉如排山倒海，一浪高过一浪，打破我的三观和道德底线。

我一个亲密好友，肤白、貌美、腿长、胸大。恋爱甜蜜之余，连生两胎，儿女双全，还都长得超可爱。朋友圈里平时也是孩子各种萌照、学习班照、她的健身照、举家出游照等各种幸福爆表照。

但是，曾经我有一阵子每天加班回到家，做完保养躺下差不多 11 点半 12 点的时候，微信上就会传来她微弱的声音："你在么？"我知道，这个朋友又熬过了冗长的一天！

"第一次做妈妈，孩子怎么动不动就发烧，我也不知道是怎么回事！"

"孩子一直哭，家里人都睡了，叫也叫不醒！"

"我和孩子都被流感击中了，老公在出差。"

"凌晨，望着阳台外面黑漆漆的夜，有时候我在想……"

以上这些来自她发给我的话，应该不止是她一个人的际遇。

在我决定写这篇文章之前，曾经在很多次的聚会上或是与朋友喝茶的时候，都问过妈妈们是否有过这样的感受。

Part 4
About
空中美人   乘飞机穿什么   敷面膜   搞定温差   Part 5
About
宠物   爱你的方式   过敏   与"毛"战斗   Part 6
About
去海边   装备   彩妆

　　结果出奇的相似，她们每一位都有过这样的感受。一位带着老公和宝宝回欧洲看望家人的新手妈妈，在刚回到北京 T3 航站楼，要走到马路对面上车的刹那，突然哭出来。因为她知道，假期结束了，要开始面对所有工作了；另一位和我说："昨晚一晚上没睡，刚才我去洗手间的时候，哭了两分钟，补了妆出来的。

　　这样的故事很多，我不想讲什么凡事都有一个过程之类的话。我只想和每一位看到这篇文字的新手妈妈说："您辛苦了！谢谢！"

　　但，请不要忘记爱自己。记得给自己一点独处的时间，好吗?

所谓北上广深一线城市里，最不缺的应该就是每天为自己梦想打拼的故事。

不管前一天发生什么事，准时出现在电脑和电话前面，是现代社会最感人的"契约精神"。但是，为了这一刻，我们付出了些什么，如人饮水冷暖自知。

我一个好朋友，一直被她行业内的人用一个词来形容：JUMPY（换工作过于频繁）。但是，谁会主动做出这样的选择呢？

写文章的时候，我在微信上问她：你生活中目前最惨的经历是怎样的？

她回答说：和自己心仪的人吃晚饭，突然发病半身抽筋失去知觉。撑到吃完，拒绝了对方送自己。回到房间一个人哭。当时还以为自己下半辈子都没办法做爱了。（后来我很八卦地得知，还好她的担心是多余的！）

带着时好时坏的病症，一路坎坷，坚持着继续工作。直到身体坚持不下去，不得不辞职；等到身体好些，再次给自己打气，重新出发。当然，除了我们的健康状态，我想我们需要应对的还有生活中迎面而来的各种麻烦，不管你是否愿意面对。它们就是这样接踵而来，一件接一件。

有位朋友和我说她经常加班到很晚，经常是最后一个人独自离开办公室。有一次她离开的时候，关了灯，回头看了一眼。每张办公桌上电话的蓝灯此起彼伏地一闪一闪。她当时的感受就是：好怕，瘆得慌。但是，第二天，依然照顾好孩子和老公，准时出现在自己的办公桌前。

Part 4
About
"空中美人"

乘飞机穿什么

敷面膜

搞定温差

Part 5
About
宠物

爱你的方式

过敏

与"毛"战斗

Part 6
About
去海边

装备

彩妆

办公室或许是最能消耗我们能量的反能量场，我们似乎也都注定要有这样一段经历。

但是，我们的确在这样的环境中，不停地成长。

曾经说过：经历过的都是美好。

现在想说：境由心转，努力给自己一个平常心。为了自己对行业的热爱；为了自己的梦想；为了早日实现时间自由，加油！

若你觉得自由职业者，会比全职人员要幸福。

让我告诉你们：在我妹妹怀孕那年，也是我最拼的那一年。因为从小的生活经历，我和我妹妹有个约定：和家人向来报喜不报忧。可是，那一年，太累了。连续凌晨写稿到三点，第二天七点半出现在工作室回邮件，处理各类问题，安排行程，考虑去活动穿什么衣服，查资料学习等。记得有一次去某个活动被安排走红毯。喊到我的名字了，工作人员催促我快点开始走，我说："稍等，让我把这条约好的微博，点一下发送。"

就是在那一年，在去工作的路上，我突然把车停在北京东四环大郊亭桥下面。人生第一次，在电话里对我妈嚎啕大哭。妈妈吓坏了，问我在哪？怎么了？哭了两分钟，我说："妈，没事儿，就是太累了。放心吧。我现在去工作了。"擦干眼泪，踩下油门，去录节目。

我不知道，生活中怎么会有那么多的事情要去处理。为什么看似稳妥的事情，会出这样或那样的漏子要我去擦屁股；为什么我在早上做的 19 件事情需要解决的名单。回家后发现已经变成了 32 件，而其中的 19 件也只完成了一大半；为什么你客气微笑，别人却觉得你很软懦，你没有那么重要。

渐渐的，我才明白：

什么叫举重若轻，欲速则不达；什么叫张弛有度，剪得断理得清；什么叫礼节，有节制地与人为善。

最难的事情，应该就是生活。

记得《神奇女侠》里有句台词是："其实我们都是独自在作战。"

或许这句话有些偏激，但是有些时候，很多事情，我们的确只能独自面对，并从内而外地累计出质变。但是，在生活中我们总能遇到可以倾诉的对象，找到抒发情绪的方式。

要记得，如果有机会，如果有这样一个恰当的机会，有一位让你觉得放心的，亲密的人，问到你：最近好么？你会坦然说：我最近过得不太好。你呢？其实，可以的。

BE AWAKE FOR THE FIRST TIME IN YOUR LIFE

EMBRACE CHAOS.

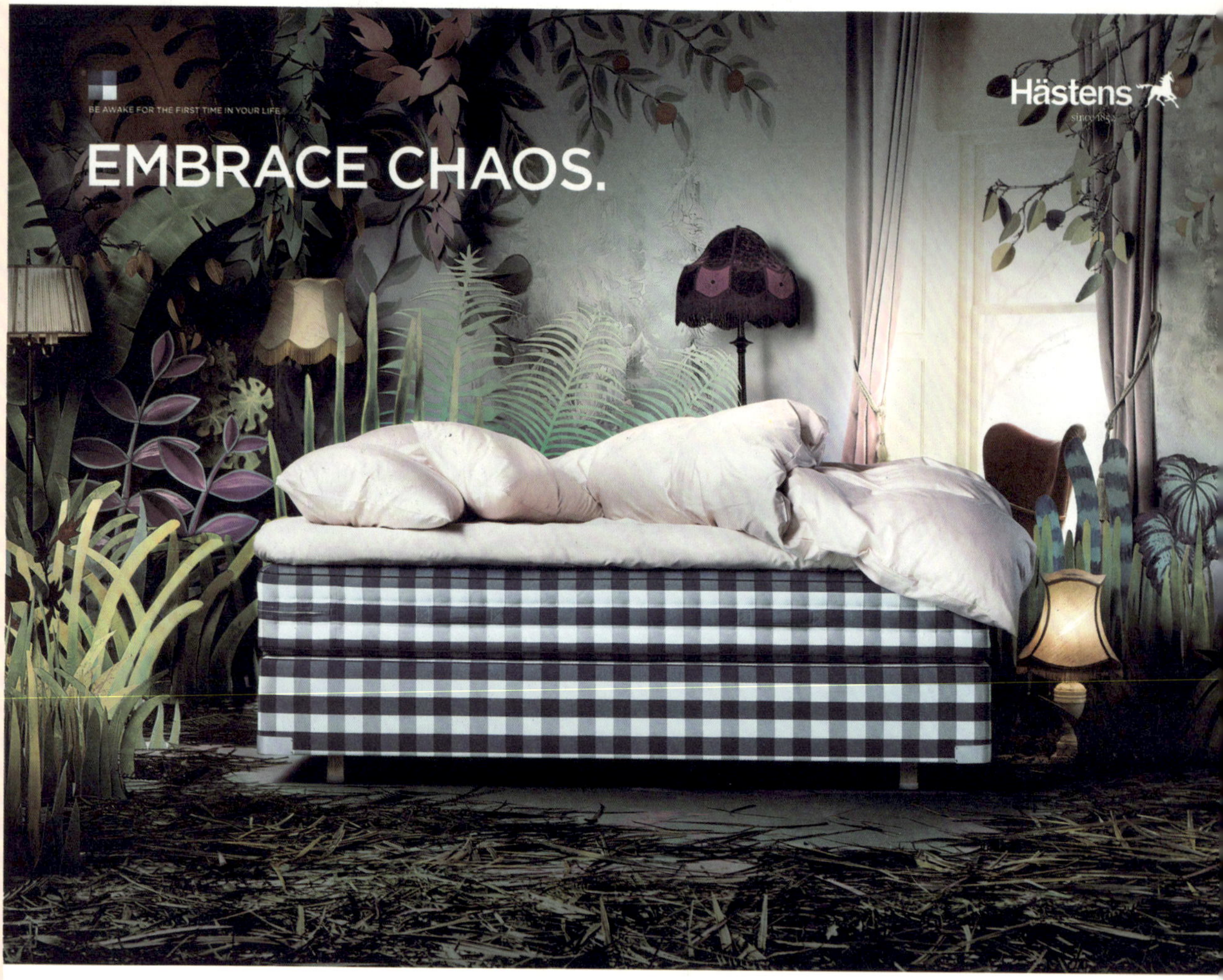

Hästens

since 1852

绝对不能放弃的极简式护肤法

很多从如花似玉的少女变成新手妈妈的女士总会做出各种改变，例如晚睡晚起的生活习惯被打乱，变成晚睡早起；要么妈妈婆婆准时准点送上各类催奶汤，或者出了月子忙前忙后没有时间按时吃饭等，除了身心上的劳累，肌肤也在悄无声息地发生着改变，出现各种肌肤问题。

其实新手妈妈们不仅要注重产后身材的恢复，产后的肌肤功课也是不可被忽视的，否则痘痘、黑眼圈都会趁机作乱。但有新手妈妈要说了，每天照顾那个 24 小时需要关注的宝宝还忙不过来，哪里有时间护肤呢？

曾经的朋友一个电话就能随时敲定一场下午茶，但自从她结婚做了妈妈之后每次朋友们的聚餐她都因为孩子缺席，就算在熟悉的品牌发布会上偶遇也会觉得她肌肤暗沉无光泽，可想而知照顾孩子是一件幸福却辛苦的事。我能够理解妈妈们对孩子们的付出，但我不能理解因为做了妈妈放弃社交、放弃护肤、放弃化妆、放弃让自己变更美。

其实就算你没有我早上八个精华晚上九个精华、睡前 23 项肌肤保养原则的习惯，也请新手妈妈们绝对不能放弃极简式护肤，什么叫做极简式护肤？那就是尽量帮你把护肤的流程简化到不能再简化，但仍然可以帮你把肌肤保持在一个健康和水润的状态上。

Part 4
About
"空中美人"   乘飞机穿什么   敷面膜   搞定温差   Part 5
About
宠物   爱你的方式   过敏   与"毛"战斗   Part 6
About
去海边   装备   彩妆

以下的内容来自某位我认识她的时候是貌美如花的资深媒体人；现在是勤俭持家（这绝对不可能）的一位拥有两位公主的母亲大人对我的灵魂拷问。

1. 每天早晚都必须洗脸擦油吗？没时间洗怎么办？

每天早晚两次的护肤，不但是我们帮助肌肤保持健康状态，抵御时间对肌肤侵袭的最佳方式；同样也是帮助我们内心重新获取宁静与平衡的一个最佳方式。

试想想，每天早晚两次，借由手掌的温度与重力，把一瓶瓶护肤品中的能量传递到肌肤上的时候，其实也会带给我们内心一种放松的心情，以及温柔的抚慰。

所以，请一定不要错过这样一个爱惜自己的机会好么？答应我！

2. 哪些步骤绝对不能省？

A 清洁是一定不能省略的步骤，这是我们肌肤的减法护肤。如果不把肌肤清洁好，如何进行后续的肌肤保养。更重要的，大家想过么？即使你下楼溜达了一圈，黏在我们肌肤上的元素种类，会丰富到让你瞠目结舌。

B 肌肤的滋养不能省略。精华与面霜，是我们为肌肤做加法护肤。我们肌肤的损伤来自于情绪、环境等诸多外在以及内在的原因。首先要保持肌肤

Part 1
About
Office Lady

通勤妆　派对妆　"前男友"妆

Part 2
About
敏感肌

洁面　保养

Part 3
About
新手妈妈

情绪
管理　极简
护肤法　一抹
红唇

不干，其次做好肌肤的润泽与损伤修复。让我们肌肤的损伤不过夜，就是我们保持肌肤健康与青春的秘诀之一。

C 防晒！紫外线不但会把我们晒黑，还会把我们晒老。所以，不管怎么样，防晒产品不能停！

3. 面膜应该至少多久做一次？

我的原则是：有时间就做！没时间也要做！

面膜是一种通过暂时性隔绝肌肤与空气的接触，迫使肌肤把面膜中的精华大口大口通过毛孔吸收进去，给到肌肤一个全面滋养的过程。

但，并不是大家敷的所有面膜都对皮肤有很好的帮助。可为什么敷面膜会让我们觉得，在揭下面膜的那一刻，皮肤变好了呢？

因为，敷面膜是一个充满仪式感的护肤过程。这种仪式感，给我们在繁忙的生活与工作当中，一个喘息的机会。

所以，面膜不但是敷在脸上，也是敷在心上。

我就是这么矫情地认为。

所以，不管出差到了酒店还是回到家，我都会先贴上一张面膜，让我觉得：嗯，你可以休息了。

4. 操劳的双手怎么办?

多涂护手霜这件事是我的习惯。不管是家里，包里，工作室的任何角落，总能随手找到一只护手霜。

建议大家在做面部或身体磨砂的时候，也可以给自己的手部做一下清洁与去角质。敷面膜的同时，记得把面膜中的精华液倒在手部做一个按摩。

我还记得小时候，妈妈会用加了精油的温水帮我烫手，并用软软的丝瓜棉帮我去除手部的死皮后，涂上护手霜，用塑胶袋套起来给我做手膜。

其实，这个方法，诸位也试试看吧。不比在外面做手部SPA效果差。另外，尽量养成至少一个月 1~2 次去修理手的习惯好嘛？

5. 外面做的头发护理和身体护理, 在家用什么办法代替?

如果没时间去外面做头发焗油。那就按照先护发素 + 洗发水 + 发膜的节奏在泡浴或淋浴的时候给自己来做一个头发护理。

小贴士是要在沐浴之前先洗好头发，涂好发膜，稍加按摩后，戴上浴帽，再完成接下来的沐浴过程。

另外，吹头发之前，可以使用一些头发精油按摩发梢。然后，再吹头发。

这样的效果，和在外面做发膜有得一拼！

6. 对孕期和哺乳期妈妈们的特别叮嘱。

对于孕期妈妈最重要的叮嘱就是：不要因为怀孕而放弃护肤。

怀孕本身就是一件很辛苦的事情，如果这时候面霜也不涂，防晒也不用，看着逐渐变肿的手脚和变差的皮肤，心情一定不会好吧，心情不好，对胎儿的发育一定会不好，对么？

而且，护肤品不是什么神奇到可以改变你 DNA 的外太空奇怪的生物，所以，做好清洁，防晒，保湿功课还是很重要的！

如果你实在很担心，那就暂停美白、抗皱等功能性的护肤品就好啦。

写在最后，给诸位妈妈们的话：

女孩子，不管是因为恋爱，还是因为生子，似乎都注定成为一名超级妈咪。（即便还没有生宝宝，你的恋人或老公，也会成为你的第一个宝宝，需要你去照顾，不是么？）

但是，在我们看似漫长，其实转瞬即逝的生活当中，我们永远不要放弃的，是要与自己谈一场一生一世、三生三世、生生不息的恋爱。

请不要停下来爱自己，你才会继续爱上生活；

请不要停下来爱自己，你才会得到更多的爱；

请不要停下来爱自己，你孩子才会更加爱你。

侯老师小生活如是说

重要的话：请过好每一天，吃好每一餐，让我们在有生之年的每一天都看到光，触
碰到爱。

每一位新手妈妈，请努力活成让每位女性嫉妒的人生典范。这是我们的
约定，勾手指!

侯聪专业推荐

ESTĒE LAUDER
雅诗兰黛

雅诗兰黛花菁萃紧颜焕活眼霜

RN ULT LIFT EYE CRÈME 15 ml

DHC

DHC 弹力精萃润白霜

QUICK GEL MOIST & WHITENING 100 g

再忙也不要忘记出门前的一抹红唇

"嘴唇不是用来说话，而是用来性感！"这句来自法国名模口中的话，足以说明口红对于女人来说是有多么重要。

唇妆是面部妆容当中，最容易释放性感气息的部位。

改变一个唇妆的画法，往往可以让你瞬间改变气场！

一涂一抹之间，让你像雨后娇艳的芍药，摇曳于晨光雨露中，释放柔媚性感。即便是匆匆一瞥，也会给人留下精神和精致的印象。

我最害怕看见底妆打得很完美，却忘记给唇部涂上口红的惨白脸在我眼前飘过！所以我们公司有个不成文的规定，上班不涂口红，扣鸡腿！这并不是空穴来风，因为我不止一次被不涂口红的同事开门吓到！

选对口红不比买一件得体美丽的衣服简单，即使再忙，出门前的一抹唇色也能将你带到充满魅力的世界。另外要和大家分享一个叫做"口红经济"的现象。关于这个现象，经济学上有两个解释：

Part 4
About
"空中美人"   乘飞机穿什么   敷面膜   搞定温差   Part 5
About
宠物   爱你的方式   过敏   与"毛"战斗   Part 6
About
去海边   装备   彩妆

解释 1： 每当美国经济不景气的时候，美国的口红销售反而呈现急剧的上升趋势。"单价不高，却在接触到唇部时释放安抚情绪的物品"会作为女人们购物清单的首选。销量问题反倒不需要经销商们担心。

解释 2： 每当美国经济不景气的时候，华尔街各公司会要求女士在上班时候要涂艳丽的红色口红。这样不但可以让女士在上班时更有精神，也让男士在上班时为了讨好女士而更加努力地工作。虽然很多男生不明白自己为什么会被涂了漂亮口红的女生所吸引，但还是每次都会掉入无边的唇色诱惑当中去。这就是口红独一无二的魅力，也正是女人们为之疯狂的原因。

不管怎样，我个人都是倾向于第二种说法。当你化了精致的眼妆时，不涂口红的你相当于没穿衣服一样。对于直男来说：女士的浓妆与淡妆仅仅只表现于口红的颜色，口红颜色越淡越接近素颜。尽管你只涂了红色口红，在大部分男士心中你也是化了缜密的妆。

但我还想给出一个**解释 3：** 那就是在你匆匆忙忙出门前，也一定不要忘记给自己画上漂亮的红唇。看一眼镜子里的自己，抿一下你的双唇。是不是会在这一刻情不自禁对自己泛起微笑呢?

一、可是口红色号那么多，究竟选哪只好?

一个系列的口红会有不同的质地，又分为各种颜色。无论是斩男色、星辰色，可能还有黑色、紫色这类中毒色，走在永远逛不完的街头十字路口，也望不到买口红的尽头。既然如此，何不做一个口红控，大牌包包可以不常有，口红却可以轻松搞到手。多选几支也无妨!

选择适合自身的口红色号关键还是要看唇部与肌肤的颜色:

1. 从中医角度来分析一下: 若是一个人身体好，气血充足的话，唇色亮丽，粉润，也代表繁育下一代的能力更强! 偷偷地说这可以成为你挑选另一半的条件之一哦，毕竟身体健康，才能白头偕老、比翼双飞!

反言之如果唇色从外缘到内缘颜色逐渐变浅，外缘线颜色已经呈现黑紫色，甚至整片嘴唇都呈现黑紫色，请马上去看医生，或者好好休息（高原地区，高紫外线地区生活的朋友除外）因为，这代表身体气血需要尽快得到补充。

2. 抛开服装搭配与妆容整体问题，你的肤色决定你的口红颜色：

白皙色： 不适合颜色太淡的口红，会让你整个人看起来苍白无力，面容憔悴。

偏黄色： 唇色不太深的话可以选橘色系，提亮肤色的同时让你看起来有点小迷人。

自然肤色： 可以选择粉色系的口红，清新甜美又可爱。

偏黑色： 红色口红会让你看起来性感十足，唇色稍深的可以选择紫色系列，紫红色非常适合肤色深的人使用。

3. 根据血管颜色判断自身肤色冷暖色调从而选择口红色系：

Part 1
About
Office Lady

通勤妆　派对妆　"前男友"妆

Part 2
About
敏感肌

洁面　保养

Part 3
About
新手妈妈

情绪
管理　极简
护肤法　一体
红妆

手腕内侧血管的颜色是蓝色或者紫色的，那么属于冷色调皮肤。适合红色中带点蓝色调的冷色调口红色系。

手腕内侧血管的颜色是绿色或者是墨绿色的，那么属于暖色调皮肤。适合橘红色与大红色的暖色调口红色系。

手腕内侧血管的颜色是青绿色和蓝紫色都有的，那么属于中性色调皮肤。恭喜中性色调皮肤，任何色系的口红都可以轻松驾驭。

二、唇部保养好，口红的显色度才能完美地呈现出来，不要让你的唇部缺水，干燥皲裂毁所有：

1. 睡前涂抹润唇膏，早上起来唇部水润当当。

2. 定期做唇部护理，选择温和不刺激的唇膜。

3. 唇部出现死皮现象时，不要放肆你多动症的小手去撕掉，用热毛巾敷几分钟，再用小粒砂糖慢慢揉搓，后续涂抹**唇部保养品**就可以了。

4. 涂抹口红前先涂抹润唇膏打底。再选择质地水润的**口红产品**。

5. **口红沾杯怎么办？** 将纸巾覆盖在唇上，用适量的**散粉**透过纸巾拍在唇部位置，再覆盖一层唇膏，轻松搞定掉色问题。

爱擦口红的女生，不但表现出了对自己的宠爱，也传递出对生活的热爱。当然，这也是个人品味的彰显。这样的女生还愁赚不到钱？这样的女生还找不到男朋友？这样的女生还在煮饭洗碗看孩子的生活里自怨自艾地怨声载道？不要埋怨，出门前记得给唇部涂一抹唇色的女生运气总是不会差的。

Part 1
About
Office Lady
通勤妆　派对妆　"前男友"妆

Part 2
About
敏感肌
洁面　保养

Part 3
About
新手妈妈
情绪管理　极简护肤法　一抹红唇

ESTĒE LAUDER
雅诗兰黛

雅诗兰黛倾慕唇膏魅色系列

Envy Rouge 3.5 g

Sulwhasoo

雪花秀肌本柔润护唇膏

Essential Lip Serum Stick 3.5 g

PART 4

第四章

如何做一个美美的"空中美人"

ABOUT "ON THE PLANE"

01 到底穿什么去乘飞机?

无论是写稿到凌晨三点还是连续几天做空中飞人，只要第二天依然需要乘飞机，我都会将乘飞机所要穿戴的东西提前准备好，避免手忙脚乱，也为飞机上的舒适安稳提前做好准备。看见机场里行色匆匆、大包小裹和机舱内冻得发颤、热得冒汗的人时，我总为自己的机智打满分。

比如说我和工作室的同事一起出差，例行安全检查时，我一路顺畅无阻，等到了我们工作室 A 少女那里时，安检人员便会要求外套脱掉！靴子脱掉！众人看着她先是解开大衣腰带，颤抖着开始解不少于 20 颗的双排扣，其次脱下皮衣、针织外套，最后用洪荒之力拉扯 50cm 的黑色长皮靴，不得不说这场脱外套表演还真是看得大家目瞪口呆。估计 A 少女已经想要找个地缝钻起来了，所以 A 少女过了安检后在受到后面排队群众的排挤嘲笑下拿着自己的东西以迅雷不及掩耳之势逃离现场，毕竟她是一个"强迫症晚期 + 洁癖"十级的患者，一路上都在对刚刚穿了机场的拖鞋耿耿于怀，表示一万分嫌弃……

相信上述情况很多人应该都经历过，除了出于时尚更多的是为了保暖，但当在机场左一件右一件的脱掉衣服时内心多数是崩溃的，且不说精心搭配层次分明的衣服能够将你的身高拉长 10cm 还能掩盖你的小粗腿，在安检人员的一句话下，你也只能乖乖脱下你的"防护罩"。其实对于工作室 A 少女的机场穿衣法则我表示理解但是不认同，空有一颗展现机场美的心，却没有建立在方便快捷的基础上。

　　另外我也在长途飞行时见识过穿着珊瑚绒睡衣登机的人，虽说这的确给自己带来便利，但是我真的很想冲上去替所有人问一句："您是从家里出来忘记换衣服了么？"但是我没有，我忍住了！而对于吃瓜群众们的异样眼神，睡衣人显然不在意，飞机上也是睡得神魂颠倒，大概这就是两耳不闻窗外景，一心为所欲为吧。

　　那么乘飞机的满分穿搭是什么？之前看一部电影里说：一定要穿得格外整齐。不仅是因为机舱内是一个公共场所，也因为飞行中的航班是你与神最接近的地方。但是，大多数人是做不到的。那么普遍的标准答案是什么呢？是应季、舒适、美观。

一、起晚了没洗头，帽子来凑！

　　之前我沉迷于乘飞机时戴棒球帽而无法自拔，因为不仅能够避免大家看到我凌乱的发丝，也能拯救早起赶飞机来不及洗头发吹头发的尴尬。除了棒球帽也有很多其他选择，大檐帽、草帽等都是不错的，出行旅游的时候还能够遮风、挡雨、遮太阳。

二、毯子不喜欢，宽松外套来解救！

　　个人乘飞机时对于长款外套还是比较偏爱的，并不是因为在机场风尘仆仆赶飞机时走路带风，而是穿着舒适还能当被子盖，高空的冷气压常常冻醒在睡梦中的人，被同事经常灌输洁癖的思想，感觉自己对于飞机上的毯子也心生忌讳了，就好像长时间与有洁癖的人一起共事，会不自觉被他们的行为引领，表现最明显的是饭前擦桌子。在面对长途飞行时，似乎因为有了长外套的加持，路程没有那么疲惫！

三、裙子 NO！裤子 YES！

　　我想采访一下爱穿裙子乘坐飞机的人，有没有担心过穿着短裙时不敢快跑、在露天飞机场登机时害怕走光的尴尬，所以宽松的阔腿裤、运动裤都可以作为乘坐飞机的准穿搭单品，也让你在飞机上的时光变得更加轻松与舒适。

四、还是乖乖地让系带的鞋子在家里休息吧！

　　有的人可以把鞋带系出十二种不同的花样。但先不说在面对长途旅行时想要解放

双脚时不方便穿上脱下，加上若是长时间飞行引起的足部浮肿，就会让你觉得非常难过。所以建议选择不系带子的款式，除非是你的鞋带只是拿来装饰，你每次都是一脚蹬进去。

五、丝巾在手，头发造型不会丢。

当然机场的时尚大片也不能少了丝巾。不论是作为装饰还是作为保暖的一部分，围巾或者丝巾俨然成为很多人乘飞机的必备品，提醒各位女士，丝巾作为发带也是乘坐飞机上不错的选择，保证了睡觉舒适感的同时也会保证发丝的平整。

六、墨镜与口罩。

墨镜绝对是机场凹造型和遮挡你没有化妆的无神双眼的利器。在口罩的帮助下，估计你刚到机场，就被八卦周刊的摄影师追着拍不停了吧。

尽管乘坐飞机算是一件会令人腰酸背痛的事，那我们何不将这件事情做得让自己满意一点、舒服一点！你需要的，只是一点点小心思而已。

02 飞行中怎么敷面膜才能不被嘲笑

之前在去新加坡的飞机上认识了一位很爱美、很可爱的小姐姐。关注到她是因为当时飞机是晚上的航班，飞机起飞后，看着这位小姐姐卸妆、化妆水二次清洁、敷面膜、按摩吸收，之后精华、眼霜、面霜、唇膏、眼罩等一气呵成地弄好后安然入睡，我有点被她熟练的动作惊讶到了，靠我这么多年的从业经验95%确定这位小姐姐应该是位护肤达人，怀着猜测的心情我重复了和这位小姐姐一样的流程（感觉像和小姐姐复制粘贴一样）之后入睡了，后来我们是在摘掉眼罩的那一刻确认过眼神才开始交流的，得知这位小姐姐从事的职业并不是美妆护肤的工作，只是在面对经常乘坐飞机时为了让自己舒适一些而养成的习惯。我认为她很棒。

其实大部分的人在乘坐飞机时，不论是长途飞行还是短途飞行都不太会有卸妆敷面膜的意识，因为大家会觉得卸了妆就被打回原形了，更何况下了飞机还要见人，更确认了妆不能卸，面膜也不能随便敷！"就好像一敷上面膜大家的眼睛就一直在盯着自己看，而且还相互议论偷偷笑！"这是我的某位朋友道出的大家不爱在飞机上敷面膜的原因，更准确地说是不敢在飞机上敷面膜的原因。

首先提醒大家的是不管你是否需要敷面膜，只要你化了妆都请卸妆，尤其是机舱内的环境较差，加上机舱内久而久之滋生的细菌，肌肤承受的压力远远大于日常生活。

我有一位不爱卸妆的朋友，具体来说是不爱卸眼妆，她给我的两个理由是："1. 防水睫毛膏太不好卸更何况是在空中；2. 乘坐飞机时最多也就能够做到在飞机上利用卸妆膏将底妆按摩掉，再涂抹一点保湿面霜就可以了。这样就算落地后来不及补妆，只补底妆就可以啦。"这的确是个投机取巧的办法。不过不倡导！

不卸妆对肌肤的危害大家都知道，但不知道危害到底有多大。这么来说吧，之前有一则新闻是说某女子经常感觉眼睛里像是有沙子类的异物感，导致眼睛不舒服，后来去医院检查经医生询问后得知是因为 25 年没有卸过眼妆，导致睫毛膏的小颗粒进入眼内，在眼内形成小结石嵌进眼部肌肤内，这位女子不得不进行全身麻醉，通过 90 分钟的手术将这些睫毛膏结石颗粒取出，但避免不了术后所造成的肌肤疤痕。所以说卸妆是件大事。只有做好了前期的卸妆清洁工作才能保证后期护肤产品的有效吸收，切记敷面膜之前要做好肌肤的清洁，更有助于肌肤对面膜内精华的吸收。

对于飞行中到底如何敷面膜才能够不被嘲笑给大家几点建议：

1. 选择**质地轻薄通透的面膜**，防止一张大白脸在昏暗的机舱内容易吓到其他乘客。

2. 不敷面膜——不敷纸质的面膜而是选择**免洗啫喱状的面膜**，或用精油代替。当然，如果你非要选择动物和卡通图案的面膜，我也无话可说。

3. **晚安面膜**方便保湿效果好。记得在座位上或者枕头上铺一块干净的**小毛巾**，小心晚安面膜粘到飞机座椅上。

4. 如果觉得面膜太吸睛，可以选择只敷**眼膜**，能够舒缓在飞机上睡不好而导致的黑眼圈。

5. 选择一顶帽檐较宽的**帽子**，低头遮挡敷面膜的脸。

倘若你是一个不爱在飞行途中敷面膜的人，那我可就要深深地谴责你了，毕竟这么好的护肤仪式时刻怎么能轻易放弃呢！在劳累的旅途中根据自身情况、不打扰到他人的前提下给自己创建一个舒适的环境与肌肤体验不是很好么。下一次乘坐飞机时你可以敷面膜感受一下，一定会爱上在飞机上敷面膜这件事的。

侯聪专业推荐

HOLLYWOOD, CALIFORNIA
GLAMGLOW®

GLAMGLOW／格莱魅水漾泥润面膜

THIRSTYMUD HYDRATING TREATMENT
MASQUE SOIN HYDRATANT INTENSE
50 ml

PHILIPS

飞利浦眼周焕亮仪 BSC301

Eye Brightener

OLĒVA +

奥洛菲水光润养酵素面膜

Enzyme Hydra Intense Mask
30 ml x4

03 如何搞定起飞降落后的大温差

乘坐飞机时，我习惯把一瓶喷雾型化妆水放在手边。这样能够随时随地保持肌肤的水润。有次乘飞机时碰到一位容颜秀丽的空姐笑着对我说："我也习惯用喷雾型化妆水！"

侯老师想说：喷雾型化妆水是好用呀！紧致毛孔、控油定妆、舒缓肌肤！

于是乎我想到，机舱内的环境是相对比较干燥的。而这种干燥，是我们乘坐飞机中一直在对抗的肌肤问题。

于是，我在飞行途中，占用了一位天枰座空姐 Sunny 几分钟的时间，采访了她几个问题。

 **侯老师化身空中小记者之分割线**

侯老师：机舱内的工作环境让你的肌肤面对着什么样的挑战？

Sunny：肌肤干燥。略不注意就会变成沙漠肌！加上"空中飞人"的身份就算是之后落地采取急救型面膜也拯救不了大干皮。

侯老师：对待肌肤干燥，在机舱内采取的对策是什么？

Sunny：我选用的是补水喷雾。机舱内工作节奏很快，所以必须使用效果明显，并且不那么麻烦的补水方法。最主要的是不会

 Part 1
About
Office Lady　　通勤妆　　派对妆　　"萌男友"妆

 Part 2
About
敏感肌　　洁面　　保养

 Part 3
About
新手妈咪  情绪管理　　极简护肤技法　　一抹红唇

导致脱妆、卸妆这些问题。

侯老师：落地后的肌肤保养会着重于哪个方面呢？

Sunny：还是会觉得肌肤特别干燥。所以我几乎每天都会敷面膜。但是我会选择不同功能型的面膜。比如说隔一天做一次补水，中间穿插使用美白和紧致型的面膜。

侯老师：作为空姐，总是要在工作时保持完美的形象。自然适合的妆容是职业要求。机舱内干燥的环境，给你的妆面带来什么样的压力？

Sunny：干燥！干燥！干燥！所以，我对粉底的要求很高。我认为适合我的粉底是够水润，但不油腻，并且贴肤性好，持妆度久的粉底。

侯老师：刚才听你说你不但飞国内，也经常飞国际。时差带给你肌肤的影响大么？连续 8 小时左右的飞行，对妆容的影响有什么对策？

Sunny：时差和温差对我肌肤的影响特别大！尤其是降落在较冷的城市，但是，我完全没有办法应对。因为我的皮肤比较油，温度越低，我的脱妆问题也就越严重。所以

我面对 8 小时飞行的对策就是：不补妆！

侯老师：机舱内干燥的环境，对头发而言也是严峻的考验，注意过这个问题么？

Sunny：这个没有！我们这个行业很容易掉头发，所以我是隔两天洗一次头发，而且我很注意对洗发水的选择。

侯老师：好的，谢谢你对于搞定机舱内肌肤问题的回答。

Sunny：不客气，我想问侯老师对待搞定起飞降落后的大温差有什么好的建议么？

侯老师给出的建议：>>>

想要彻底解决肌肤干燥的现象，敷面膜的确是一个行之有效的办法。

但建议在敷面膜的时候可以配合使用"蒸脸仪"在温度恒定蒸汽的帮助下，肌肤的循环能力会更好，毛孔也会得到舒展。从而提高对面膜当中有效植物精华成分的吸收。并让肌肤的保湿能力变得更久、更强。

对于长时间不补妆，我会有点小惊讶。毕竟时间长了，妆容都会有些不完整。

在这个时候不妨使用气垫 BB 来为自己补妆。让自己的妆容宛若刚刚完成时一样：贴合、细腻、水润。然后定妆这一步骤可以重点在 T

Sulwhasoo

雪花秀润致焕活肌底精华露

First Care Activating Serum 90 ml

字部位来完成，避免 U 区变干和卡粉。

如果头发有出油的现象，但是又来不及洗头，不妨试一下干洗头发喷雾。不需要用水，晃动瓶身后喷在头发上。用一块干毛巾来揉搓，之后用手指和梳子梳理头发就可以。方便快捷。

不论是长期在机舱内工作的空姐，还是偶尔乘坐飞机的旅客，在面对起飞降落时的温差对于肌肤的伤害，都需要认真对待，不要因为旅途的劳累，认为肌肤的干燥是小事一桩无需在意，关注好每时每刻的肌肤状态和自己的仪态，做一个每时每刻都精致的人！

Part 1
About
Office Lady
通勤妆　派对妆　"前男友"妆

Part 2
About
敏感肌
洁面　保养

Part 3
About
新手妈妈
情绪管理　极简护肤法　一抹红唇

ESTĒE LAUDER
雅诗兰黛

雅诗兰黛特润修护肌透精华露

Advanced Night Repair 50 ml

HR
HELENA RUBINSTEIN

全新升级 HR 赫莲娜绿宝瓶【城市防御】精华

Powercell Skinmunity 50 ml

PART

5

第五章
与宠物的相处

ABOUT PET

01 宠物爱你的方式

我爱猫！但我分不清是我养了六只猫，还是六只猫养了我！

简单给大家介绍一下我的六只猫：

01

姓名：**白糖**

性别：男

星座：狮子座

性格：高冷、独立、傲娇

标签：CFA 全国名猫比赛双料白金冠军，最爱睡美容觉。

02

姓名：**小天**

性别：男

星座：摩羯座

性格：坚强

标签：像爸爸一样守护着其他猫猫，总是在其他猫咪们吃完猫粮后再吃，立志塑造一个英雄形象。

03

姓名：**小火**

性别：男

星座：水瓶座

性格：萌萌的

标签：聪明搞笑

Part 4　乘飞机　敷面膜　搞定
About　穿什么　　　　温差
"空中美人"

Part 5　爱你的　过敏　与"毛"
About　方式　　　战斗
宠物

Part 6　装备　彩妆
About
去海边

04

姓名：**那那**

性别：女　　　　　星座：白羊座　　　　　性格：女王范十足

标签：作为家族第一位女性，始终坐拥家族第一的地位。二胎之后，这位女王背上了沉重的包袱，从此之后也变得忙碌。因为她会时不时踏上寻找她二胎小喵咪蓝妹妹的征程。

05

姓名：**宝宝小** (小火 & 那那的乖宝宝)

性别：男　　　　　星座：处女座　　　　　性格：活泼有野心

标签：有次"出逃"可把我急坏了！好在楼下的酒吧老板看到告示后归还，也因此结交了一个朋友。

06

姓名：**蓝妹妹**（白糖＆那那的女儿）

性别：女

星座：双子座

性格：调皮爱动

标签：哪里有逗猫棒哪里就有蓝妹妹。

我爱猫，不仅因为"猫"是我对很多妆容与文字的灵感来源。猫看似幼小的身躯，却承载着无数的神秘与无穷的力量。像法老坟墓里接引阴阳两界的使者；各路贵妇王妃渲染气场的玩伴；书中与电影里或萌或诡异的符号！

猫，一直在看似没有方向的路上，抚慰着一个又一个快乐或悲伤的灵魂。猫与狮子、老虎、豹子都属于猫科动物，虽然猫被驯养到了家里，但谁又能说它们没有一颗"野心"？每当看到一只猫坐在窗台上，冷冷地向外张望，我在想或许是它血液中的原始记忆召唤它去草原上豪放地奔跑吧！

而我每次泡浴或淋浴的时候，它们都很焦虑地"喵喵"叫走来走去。这其实是宠物爱你的一种方式。有种说法是：猫把你当做是它的孩子，它是怕你溺水了。不知道这种说法是真是假，但这种说法让我心里觉得很暖。反正我知道猫其实不太喜欢洗澡，不过还是爱洗脸的，不管是清晨蹲坐在洗脸池旁边横插一"手"拦截住你洗脸的水流，接着在自己的脸上糊弄着揉搓的湿洗；还是向你撒娇卖萌靠着自己的两只小"手"在脸上左蹭蹭、右蹭蹭的干洗；再或者见识过朋友家身形粗旷型猫咪，大脸直接放在水龙头下面，一边喝水一边洗脸一边"呼噜呼噜"叫的技能。都像是摆明了在炫耀猫猫爱洗脸，谁也挡不住！

瑞典语言学家罗伯特先生，迷恋于动物呼吸时的声音。他把猫发出的"呼噜"定义为：由肺部排出和吸入的气流混合的连续产物。并且发现，家猫在呼气时的声音是 20.94~27.21 赫兹之间；在吸气时的声音是 23.00~26.09 赫兹之间。

而生物声学家伊丽莎白·冯·穆更塔勒，在《动物区系通讯》上提出：猫科动物会发出"呼噜"声进行自我疗愈。

"在 20 赫兹到 140 赫兹之间的频率，对骨骼生长、骨折愈合、缓解疼痛、消除肿胀、治疗伤口、肌肉的生长和修复以及肌腱修复、关节活动和缓解呼吸困难均有效果。

《动物区系通讯》的相关科研人员已经在一个非盈利机构和辛辛那提动物园记录过包括猎豹、美洲狮、薮猫、豹猫和家猫等许多猫科动物的'呼噜'声。

通过对这些数据的分析，我们发现猫科动物的'呼噜'声的频率正好在促进骨骼生长合成代谢的频率范围内。也就是说当你在抚摸猫咪，陪猫咪玩耍时，你觉得是自己让猫猫们舒适开心，但实际上猫猫发出的'呼噜'声是宠物宠爱你的一种疗愈方式。"

Part 1
About
Office Lady

通勤妆　派对妆　"前男友"妆

Part 2
About
敏感肌

洁面　保养

Part 3
About
新手妈妈

情绪管理　极简护肤法　一抹红唇

猫咪还有两点宠爱方式是一定要提的，一是蹲在你房间的门口等待你的出现，这种情况多发生在我出差的时候，会让出差在外的我更多了一丝想要快点回家的挂念。所以出差途中我会和我的猫视频，并用猫咪语言来沟通和互翻白眼，是击退旅途劳顿的最佳治愈方式。嗯，有次在酒店走廊里一边走路，一边和猫视频，一边对着屏幕喵喵叫个不停："喵小火君，喵那那宝，喵，喵，喵……"然后听到旁边的路人说："看起来挺精神的一个小伙子，怎么就是个傻子呢。"

反之我不出差每天按时去上班的时候，工作室的小伙伴们说她们判断按门铃的人是我，并不是通过按门铃的频率来判断，而是通过猫咪们狂奔的程度，据说如果是其他人按门铃猫咪们基本上处于静止状态，各自安心地做自己的事情，两眼一闭爱谁谁！如果是我按门铃，猫猫们会集体从四面八方赶过来在门口等待开门的那一瞬间扑过来，每次开门后看见猫猫们集体迎接，我也是很惊讶地想知道猫猫们是如何判断出按门铃的人是我？大概是知道我每天努力工作赚猫粮很辛苦以这种礼节安慰我？

二是猫咪爱蹭人，这应该是众所周知的吧！恨不得 24 小时要抱抱、要举高高、要蹭蹭的，声明一点，我可不是利用叠词装可爱，这可是事实，对于猫咪爱蹭人这一点我还特意查询了百度，解释是说：猫咪蹭人是爱你的表现，希望将自己的气味留在你身上，向其他猫咪宣告这个人是我的，谁也不许碰。

猫其实不会"喵喵"叫，只是为了讨好人类才学会的，说来倒也是难为猫咪们了，但也正因为"喵喵"叫，才觉得安心。所以你爱猫咪，它们便爱你。最后请记得如果有一只猫在你脚边抬头望着你一边眨眼一边"喵喵"叫，那就是生活在对你微笑。

02 养宠物一定会过敏？
那是因为你太不讲究了

到我工作室玩耍的部分朋友总会在进入我工作室，被猫咪包围时讲出类似的话：

"哇，有这么多的猫咪！""猫咪好可爱。""曾经我也有一只猫，但是因为我对猫毛过敏打喷嚏，导致猫咪被送人了！"每次听见这样的做法都有点小忧伤。因为不管是出于不喜欢宠物还是对宠物过敏，导致宠物被送人的事情其实我是不赞同的，毕竟在宠物的心里只有一个主人，被送来送去的也是真心难过！

更难过的是听医生说打喷嚏是因为接触了宠物毛，虽说打喷嚏算是一种过敏负能量，伴随着身体的不适，心情也容易大起大落。但我总觉得若能忍住不把负能量说出来，就会转化成滋养身体的养分。

但是现在，我决定先讲一下忍住几年没提起过的"哮喘"。虽说负能量人人皆有，去年在我连续出差重感冒加哮喘发作的五天当中，我的负能量终于在年底的时候爆发了。不过我不会把我得哮喘的原因归罪于雾霾和猫，因为，在我得哮喘的那年，雾霾和猫也还只是捕风追影的一件事。

哮喘慢性发作有乏力、咳嗽、气喘、胸闷等现象，最让人受不了的，是精神不济和四肢无力。不能按自己的要求完成自己想要做的事，尤其是我这样的工作狂！

Part 1
About
Office Lady

通勤妆　派对妆　"前男友"妆

Part 2
About
敏感肌

洁面　保养

Part 3
About
新手妈妈

情绪管理　极简护肤法　一抹红唇

哮喘急性发作会让你气管闭合，几近窒息。所以哮喘患者往往随身携带支气管扩张剂，记得有次在 SKP 做活动，一个人去洗手间，连续多日工作加上没休息好，刚刚关了洗手间格子间的门，突然急性发作，身上没有带药，瘫在地上感受只能呼不能吸的幽闭恐惧感，门外有人影走动、洗手的流水声。但是我没办法说话，而且我知道即便我敲门，门外的人也不可能帮到我。就像独居在与世隔绝的深山，孤立无援。

书里说，人快死之前会像倒带一般，整个人的一生在眼前一晃而过。或许那是彻底没有生还的希望，或是放弃了希望的时候。这也是我给哮喘病友的一个建议，告诉自己：镇定！惊慌失措只能呼吸急促。加速胸腔内氧气的消耗，也就是加速你的死亡。

如果此时此刻让自己镇静下来，你会发现，虽然吸入氧气很困难，但也不是完全不可能。因为在这个时候，气管会有一丝缝隙。而这一丝缝隙，就是你生还的机会。不要放弃活下去的机会。因为，这个世界很美，我们一定要亲自去看看。

这时候，你可以试着呼出半口气。然后尽量平静地稍微吸入一点氧气。真的，只有一点点。但正是这一点点的氧气保持身体体征的正常，不会骤然死去。

所以，我坚持**游泳**，锻炼自己的肺活量，**不喝酒，不抽烟，不吃辣**。

或许有人说：这样的生活还有什么乐趣？我的乐趣就在于工作带给我的成就感。

这一份小小的成就感，犹如深夜独自把玩一个精巧的玉器，自己可以感受，却不足为他人道也。这就是我的"哮喘负能量"。

Part 4
About
"空中美人"   乘飞机穿什么   敷面膜   搞定温差   Part 5
About
宠物   爱你的方式   过敏   与"毛"战斗   Part 6
About
去海边   装备   彩妆

生活中总会遇到一些我们解决不了的问题，面对这些问题我们可以选择向左走还是向右走，感谢我的"哮喘负能量"让我专心于工作。

为什么我会说到哮喘？因为接下来我要说哮喘与猫。会有人吐槽我说："有哮喘，还养猫，还养那么多只猫，岂不是更容易过敏！"是的，医生也劝阻我养猫这件事，但是我是狮子座，就是这么任性。

喜欢猫的高冷与温柔，喜欢猫的神经与细腻，有的时候，猫像一名娴淑的女子，在斜阳晚风中摇曳生姿；有时候，猫像一名阴郁的诗人，在光影的交界处熠熠生辉，"蓝田日暖玉生烟"一般。但大多时候，它们都在和你看不到的怪兽做斗争，在空气里做出各种奇怪的旋转、跳跃、不停歇。

手指划过猫的身体，我的情绪会变得很平静，听到猫的"呼噜"声，可以促进身体伤口的愈合，以及钙质的合成。因为，这种声音的频段，是很特殊的。从这个角度讲，对于哮喘的恢复，猫是有帮助的。

所以，我和自己讲，要保持好身体的状态，才能好好和猫咪们玩耍。

犹记得，多年前做了一个小手术，气息微弱的我出院回到家，原本活泼的猫们，变得很安静，悄悄走到我的身边，静静地趴在我的胳膊上，偶尔伸出舌头舔一下我的手臂。在这个时候，身心的负能量，全部都被赶走了。

这样看来我的过敏症状反倒因为宠物的存在灰飞烟灭了，综上所述养宠物不一定会过敏，只是你太不讲究了，比如说：

Part 1
About
Office Lady

通勤妆　派对妆　"前男友"妆

Part 2
About
敏感肌

洁面　保养

Part 3
About
新手妈妈

情绪管理　极简护肤法　一抹红唇

1. 有专家称哮喘最重要的激发因素是吸入变应原（螨虫、宠物的皮毛等），过敏者也多避讳这些，所以经常打扫房间、给宠物洗澡、保持室内空气干燥才会让过敏"敬而远之！"

2. 在接触了宠物毛后，很多人表示会出现肌肤发红发痒的现象，这个时期，记得要管住自己的小嘴，少接触海鲜、酒等发物，不然会延缓炎症恢复的时间。为了能有美美的小脸，就算朋友要请你吃超级无敌贵的海鲜自助，都要掐着大腿，狠心拒绝！记得选择保湿、舒缓类型的护肤品，为肌肤补充足够的水分，让肌肤保持水油平衡。倘若你担心厚重的化妆品会致使肌肤问题严重，那么一瓶细嫩柔亮、保湿收敛的喷雾是个好选择，随时喷一喷，击退暗沉和干燥。

最重要的是：防晒！就算你忘了刷牙洗脸、忘了吃饭甚至忘了你的男朋友，都不要忘记做防晒！上班时，出门前 15 分钟，午餐、下班前都需要补涂一次；外出时，每两小时补涂一次。让紫外线无可乘之机。

在使用新的护肤品前，可以先在手或耳部测试一下是否过敏；有考虑进行医美的同学，在手术之前，到大型医院检测一下过敏源，避免手术中使用过敏源产品弄巧成拙。

总而言之，不要将过敏生拉硬拽单一地归咎于宠物，就像不要把肌肤的过敏都怪罪在护肤品上是一个道理。

既然你爱宠物，决定赡养宠物与你做伴，那么从你的生活方式与肌肤保养功课上都讲究一些又何尝不可！

03 与"毛"战斗其乐无穷

知道我家养了六只猫的人都会惊讶我竟然养了这么多只猫，之后便会对我是如何与猫毛对抗的事情感兴趣！因为很多人还是会比较在意猫咪掉毛这件事情。对于本身喜欢猫但却因为考虑到猫咪掉毛而放弃养猫的大有人在！工作室的同事们总是向我抱怨："老板，您家小火趴在我的椅子上了，快弄走！""老板，您能让蓝妹妹不蹭我了么？我今天穿的可是新裤子！"她们表示喂猫、撸猫在工作室就可以了，绝对不能让猫这种生物入侵家里，否则家里的珊瑚绒毯子、羊绒大衣等全部不能幸免于难变猫毯。而对于如何与"毛"战斗这一问题她们给出的统一答案是：坚决不养猫、不抱猫。这答案等于没说吧！

相信很多人还是比较不能接受猫咪掉毛这件事的，除了单纯地嫌弃猫毛，多半原因是出于对猫毛过敏。我朋友的孩子很喜欢猫，但是只要一接触猫就会打喷嚏、伴随着皮肤发红发痒，所以朋友每次带宝宝来工作室我都会将猫暂时隔离，但小宝宝并不明白自己是对猫毛过敏，总是一脸认真地问妈妈："难道是猫毛有毒？为什么一碰猫咪我就觉得身体不舒服？"这个为什么我真是有点哭笑不得，猫毛如果有毒的话大家应该都躲得远远的了吧！

当然我自己有的时候也会有被迫害妄想症，比如说我会担心吃饭的时候不小心将猫毛吃进肚子里之类的，我想肯定会有吃进肚子的时候，后来偶然听宠物专家建议养爱掉毛的宠物的人，平时可以多吃一些木耳，木耳可以清理肠道，促进猫毛排除体外。

我不能算是一个十足的洁癖症患者，但是在对抗猫毛这件事情上却是个满分的强迫症患者，虽然养了6只猫，但保持家里和身上没有猫毛，是一名专业"猫奴"的基本素养。我认为养宠物是自己的事情，但粘着一身宠物自然脱落的毛发出门就太不讲究了。

因为不需要用你身上的猫毛来昭告天下你养了猫，反倒让人对你表示反感，会觉得你这个人不注重细节，不尊重对方以及不重视你今天所要参加的活动。在出门前我会反复粘衣服上的猫毛，确保衣服上没有猫毛才能放心出门。

说起对抗猫毛这件事情，我其实是当作和猫咪们玩耍互动的日常，毕竟掉毛是猫天生遗传无法改变的事实，大致上猫咪的脱毛期在春季和冬季，春季脱掉"冬毛"迎接夏天，秋季则是为了换上绒毛度过寒冬，所以当你家里飘着大量的猫毛时意味着换季了！

为了对抗这些猫毛我曾试着将清洁房间时整理出来的猫毛保存下来做成毛毡玩具，就像网络上流行的各种卡通造型，但现实是残酷的，第一我不会，第二没时间，第三太难了。要紧的还是乖乖做好与"毛"战斗的准备吧！

与毛战斗第一步：家中常备撸猫神器。

经常给宠物梳理毛发。

撸猫神器是一件增进人类与猫感情的良好产品，偶尔拿着从各处淘来的各种排梳、钢梳、手套等从头到尾地为猫咪梳理一番，尽可能地分区、分层梳理，能够将毛发梳顺的同时也能将隐藏在内部脱落的毛发一举梳下，不仅促进与宠物的感情，也能帮助宠物按摩皮肤，促进血液循环。

与毛战斗第二步：家中常备滚毛刷。

正常的短手柄滚毛刷方便携带，长柄的滚毛刷适合粘窗帘、床、沙发等，胶带则适合粘扎入衣服内的顽强猫毛。切记：洗衣服之前先粘毛，再清洗衣物。

与毛战斗第三步：扫把不好用，吸尘器来凑！

扫把在对抗猫毛时只针对平坦地区，像地毯这种较难打理的物品，还需要吸尘器的帮忙才能将猫毛彻底清洁干净，不留隐患。戴森 Cyclone V10^{TM} 无绳吸尘器，简直就是养宠物的必备伴侣。充满电可以运行 60 分钟左右，吸力也高达 130A-W。配合不同配件，不但可以清洁地面、地毯，连墙角、床具和汽车内部都可以清洁干净。

与毛战斗第四步：宠物什么颜色，就多买什么颜色的衣服。

对于喜欢穿黑色衣服的小伙伴，为了养宠物，就只能委屈少买几件黑色衣服了，毕竟黑色衣服爱粘毛，显毛度又很高！除非你的猫是黑色！所以你的宠物是什么颜色，你就多穿什么颜色，自然就看不出衣服上有毛毛了。

与毛战斗第五步：偶尔洗个澡，掉毛掉得少。

不要觉得猫咪掉毛就应该每天洗澡将毛冲掉，这样会破坏宠物肌肤的保护屏障，反而出现各类皮肤病，正常每周洗一次即可。

与毛战斗第六步：控制静电。

静电会让毛毛更爱眷顾你的衣服，所以尽量选择丝滑不爱沾毛的面料，保持环境的

侯聪专业推荐

dyson

戴森 Cyclone V10™ 无绳吸尘器

湿润度。

　　预防大于改善，如果你爱宠物，那么你可能要倾其一生在与"毛"的战斗中，这场战斗虽不是轰轰烈烈、可歌可泣，但绝对其乐无穷！

PART

第六章

海边保养秘籍

ABOUT THE SEA

01 去海边的完美装备

我们工作室每一年都会组织一次全员出动，为期 7 天的出国游，是对一年来职员们辛苦工作的奖励，也是给自己一个忙里偷闲的机会。关起门来偷偷地说，还有一个目的是对于旅途中遇到的事也能增强大家互助解决问题的协作精神，还有对于今后工作中的困难发挥团结即是力量的精神。

每隔几个月我的员工们就会见缝插针向我拐弯抹角地表达旅游时间还没到么？眼中闪烁的"我要出游，我要出游"的光波让我避之唯恐不及，确认过眼神三百回合后，我只好妥协，地方你们挑，款项我来报！写到这里的时候，我的员工们已经开始放下手头工作肆无忌惮地在我面前讨论起要去哪里玩儿？带什么行李了？

说起去海边带行李这件事情，我不得不吐槽一下我在海边见过的几个奇葩装备：

海边奇葩装备 1：潜水服当泳衣

试问是否有人见过穿着潜水服在泳池中"徜徉"微笑的人？着实吓了我一跳，大致情形是当你正在游泳池里自由自在游泳时，对面隐隐约约有一灰黑色物体快速向你靠近，第一反应是：不好，有鲨鱼；第二反应是：这是游泳池，哪儿来的鲨鱼？紧接着一副熟

悉的面孔摆在我眼前，还和我炫耀说"这么完美的泳衣装备你们是万万想不到的，尔等只能望尘莫及了！"我……真的是不知道该对我这位朋友说什么好。

海边奇葩装备 2：洗碗手套身上带

在海边捡些贝壳、小螃蟹等是去海边玩耍的一件趣事，辅助的工具多是小铲子、小水桶等，但是我一位十分爱惜手部肌肤的朋友拿出家里常用的胶皮手套给我时，我的内心还是崩溃的，虽然好用方便，但在烈日下暴晒过后的刺鼻味道总让人担心会导致肌肤过敏吧。

海边奇葩装备 3：短裤不是泳裤

虽说泳衣的款式千千万，但还是会在海边看见很多穿着日常短裤当作泳裤的人，从海里出来时的尴尬也不是一两句话就能道清的。

当然各种千奇百怪的海边装备也是大家想出来对抗日晒的方法，毕竟在去一次海边之后很多人都会被晒得害怕，之后便会对去海边度假心里有点小迟疑了！那么去海边的完美装备到底都有哪些呢？

1. 想从海边回来继续做"白雪公主"而不是变成"黑珍珠"，记住防晒霜、防晒喷雾要备好！

防晒产品属于防护类护肤品，在护肤流程中有着非常重要的作用。

防晒霜要在面霜之后，隔离霜、BB 霜粉底之前涂抹！

坚持使用防晒类产品不仅可以防止护肤品中的成分遭到紫外线的破坏，更可以抵抗肌肤因紫外线侵袭而出现的早衰、色斑等问题，大大提高了护肤的效率。

涂多少 SPF 值的防晒霜呢？涂抹后能坚持多久？

防晒产品的瓶身上都会标注 SPF 值和 PA 值，PA 表示的是防晒的强度，而 SPF 则代表着防晒的时间。

一个 SPF 的单位可以帮助肌肤抵抗 15 分钟的防晒需求，但也不完全绝对，流汗、日光等外界因素也都会影响防晒霜的效果。

所以在运动和长时间暴露在阳光下之后都要及时补涂上防晒产品。

而 PA 值后面一个加号就代表着可以延缓肌肤晒黑时间的 2~3 倍，两个加号则为 4~8 倍，三个加号表示可延缓 8 倍以上。

日常生活中使用防晒产品，建议选择 SPF15~30 倍。

若经常进行烈日下活动或是去海边游泳等至少选择 SPF50 以上的防晒产品，而且游泳时最好选择有防水功能的防晒产品。

虽然使用防晒霜这件事听起来很容易，但是你真的用对了吗？比如说为什么用完护肤品再用防晒霜会搓泥儿呢？

这是因为防晒霜中的防晒颗粒与护肤品中的成分发生了一点反应，像是滚雪球一样，不过这也属于正常现象。

想要避免这种情况就要注意护肤品的吸收度，涂抹好护肤品后不要急着涂抹防晒霜。

用轻柔的按摩手法帮助加速肌肤对保养品的吸收，然后以点涂以及拍打的方式使用防晒产品。

———— 侯老师小贴士 ————

无论是化没化妆，只要涂抹防晒或是隔离类产品就要进行卸妆哦！

不及时清洁干净就会残留在毛孔中，久而久之会导致色斑或痘痘！

---

2. 帽子、墨镜、防晒服、冰霜喷雾、丝巾、防晒手套也是海边完美装备的必备成员，就算你的防晒隔离层涂抹得足够厚，这些也是缺一不可，尤其是冰爽喷雾，在炎热的海边我敢说这条命都是冰爽喷雾给的。当然，记得要喷在衣服上，而不是直接喷在肌肤上。也会有人问为什么用了防晒霜还要准备防晒喷雾。因为方便随时随地补防晒，这也能保证脖子、胸口、颈后、耳朵等容易疏忽防晒的身体部位得到保护哦。

我曾经在公众微信的文章中说过："我从初中时代就开始防晒了。"所以防晒这门功课我可是一直坚持了十几年哦！当然涂了防晒霜，也要穿戴好其他海边装备后再跳跃、奔跑、拍照！

3. 去海边的时候一定要放一瓶自己最爱的香水到行李箱中。

海边是一个让人感觉到放松，容易邂逅浪漫的地方。那么你最爱的香水，就是你散发迷人魅力的神助攻。

建议去海边的时候香水的用量要比平时多一些。因为海边的空气流动性比较大，气温也偏高，那么香水挥发的速度也会比平时快。

最后送给大家一个关于香水的建议：据说喜欢用花果香型香水的女生，比较容易在海边转角遇到爱情。

Salvatore Ferragamo

菲拉格慕 Signorina in fiore 花漾伊人女士淡香水

SIGNORINA IN FIORE

clé de peau
BEAUTÉ

肌肤之钥 御龄防晒乳霜

CPB UV PROTECTIVE CREAM 50 ml

02 海边彩妆标配

出门旅行整理行李前，一定要列好所需的化妆品。到一个新的地方旅行，肌肤会面临新的压力。要保证肌肤时刻处于最佳状态，妆容完美，才能在旅行中焕发光彩、不停的自拍。

肌肤状态好了，可以在自拍时展露纯净的微笑，才是最符合生活的美好仪式感！

话说出门旅行从早起出门、到夜幕降临后回酒店，中间的十几个小时，女孩子们最担心的便是脱妆。简单来说从自然妆容变成"花妆版烟熏妆"，你只需要在海边经历风吹日晒即可！

于是很多人去海边时会选防水彩妆来提高持妆度！所以眉毛雨衣、睫毛雨衣等顺理成章地成为海边彩妆标配的新宠化妆品。

好用程度还真的是要亲身体验过才知道，为什么这么说？因为曾经和朋友去日本旅行，朋友在药妆店买了一款眉毛雨衣，第二天试用过后在去往景点的电车上炫耀说是非常好用，在画好的眉毛上薄涂一层，不论如何擦拭眉毛都不会掉，说时迟那时快，朋友用力一擦，结果右侧眉毛二分之一光荣牺牲，朋友无奈一笑，压低帽檐，把头低到了尘埃里。本来是想和我们种草，反倒弄巧成拙，好在日本分布较广的药妆店拯救了朋友缺失的眉毛，毕竟无眉怪会让盛世美颜变"车祸现场"。所以眉毛雨衣可用，但选对、提前试用才是眉毛雨衣的正确打开方式。

去海边其实不需要浓妆艳抹，清新自然的妆感才贴合微风、蓝天、大自然，否则卷翘的假睫毛被风卷走或者被海水冲掉的那一刻，你也只能望尘莫及了。如果画了大浓妆出现在泳池或是沙滩上，很明显你不是来游泳的，一定是来拍照的啊。

想起曾经有次参加某好友的生日派对。因为工作的关系我到得晚，她已经醉了（是真的醉，不是现在流行的那种"醉了"！）

我夸她假睫毛真好看。她马上撕下来，塞我手里说送我了……

所以，劝慰大家：粘假睫毛不宜喝酒。不过去海边喝酒的机会还是很多的，所以手撕假睫毛这种事情发生的概率可能也是很高的。

既然想在旅途中"美不停"！建议大家不妨在出行之前去美容院种假睫毛，既缩短了每天化妆的时间，又能眼睛眨眨惹人爱。接下来就看看海边的完美彩妆标配还有哪些吧！

一、肌肤基础护肤品不能缺

在海边时，肌肤也开始面临新一轮考验。每天都在化妆的你，有没有发现在海边肌肤依然干燥？或者即使化上了底妆还是感觉干干的？让你肌肤的细纹变得越发明显？因为有海风吹啊吹，这样的你要如何水嫩动人？

想要肌肤水润，保湿很重要。除了防晒，不妨略增大补水精华的用量。均匀涂抹后，记得把双手在面部轻轻按压，来帮助吸收。当然，也可以在睡前敷上一张保湿面膜，第二天醒来不仅肌肤水嫩动人，而且也更容易上妆，让肌肤一整天充满底层透出来的水漾光滑。如果觉得普通的补水精华已经不能满足肌肤的需求，不妨在精华之前选择一款水质打底精油，来提高肌肤水润的持久度。

二、轻盈底妆是海边妆容的关键

想要底妆告别卡粉、脱妆快，关键在于选择一款水润的粉底液或粉底霜。让你的底妆水润贴合。

妆前乳可以选略带珠光效果的，这样就可以在阳光的沐浴下绽放肌肤的光泽感啦。

三、防水彩妆产品不可忘

粉状的彩妆产品很容易被海水冲掉，像是眼影笔（膏）、眼线液（膏）这种液体或膏状的彩妆产品不仅上妆度高，防水效果也不错；而哑光唇膏、染唇液相比较唇釉持久度也会更强；撕拉眉胶则是海边彩妆单品必备，使用一次可以连续 2-3 天不需要画眉，简直是懒人福音；眉毛雨衣、睫毛雨衣则是为眼妆构建双层防护，防水防汗、防手欠！

096

Part 1
About
Office Lady

通勤妆　派对妆　"前男友"妆

Part 2
About
敏感肌

洁面　保养

Part 3
About
新手妈妈

情绪　极简　一抹
管理　护肤法　红唇

侯聪专业推荐

URBAN DECAY

beauty with an edge ®

Urban Decay All Nighter 抗污染定妆喷雾

Pollution Protection　118 ml

四、定妆

化完妆一定要定妆，倘若认为散粉定妆下水即被冲洗，可以选择定妆喷雾取而代之，使用方便，定妆效果持久，还可以防水。

想起甜甜的椰子、蓝蓝的海水、白白的沙滩、花花的小鱼、可爱的水母，我已经开始想扎根海里了。你呢？如果你正准备踏上阳光海滩之旅，那么，记得准备好海边彩妆标配哦！

Part 4
About
"空中美人"

乘飞机
穿什么

敷面膜

搞定
温差

Part 5
About
宠物

爱你的
方式

过敏

与"毛"
战斗

Part 6
About
去海边

装备

彩妆

03 海边的头发保养

想起之前去巴厘岛时，有两件事情让我记忆犹新。

不得不说我们工作室是一个自行洗、剪、吹的组合，意思是说"剪发＋染发"大家全部自己动手，组团换发色是日常，今天粉色、明天绿色……再或者从长发及腰的小仙女分分钟给自己剪成"性冷淡风"的短发小姐姐也是家常便饭。

这不出行的前一天，小 A 还将头发漂染成了蓝色，说是附和大海的颜色，但在我们到达巴厘岛后的第一天下水游泳后，她发丝的蓝颜色就被水冲掉，光荣牺牲变成了灰色，发质更是每况愈下，粗糙、易断……据我分析是对发丝的染烫蹂躏加之不注重防晒导致的。我也很担心她哪天突然秃着来上班了。

因为头发在我们身体的最顶端，也是最直接接受阳光与紫外线的部位。所以迫使头发大量地吸收紫外线，导致发丝毛鳞片张开、角质蛋白流失等问题。这就是为什么在夏季，发质会比其他季节更加干枯、脆弱的原因，也是导致很多女生头发越剪越短的间接理由！可小 A 则狡辩自己喷了很多防晒喷雾，的确，她身上喷的防晒喷雾可绕桌子一圈了，防晒味道已经掩盖香水味道刺鼻得不行，但她却忽略了头发的防晒。

再说说和小 A 组团换发色的另一位小伙伴，曾经是一位长直黑发，去海边和男友旅游了 1 个月后却变成了干燥的短发，据不完全分析一定是总在朋友圈秀恩爱、撒狗粮受

到老天的惩罚了。整个夏天听她说得最多的一句话是："好热呀！太阳晒得我头皮发麻！"发麻就对了，否则你的飘飘长发怎么会落到现在这般田地，自己心里没点儿数么？

我只能说先扣她们鸡腿再讲头发保养。谁让我乐于助人呢！

去海边想要拥有一头柔顺靓丽的秀发，请做好前期的防晒工作好嘛！

你可以为头发选择最好用、最简单的物理防晒法：

1. 比如选择一条**丝巾**系在头上，既时尚又能抵挡紫外线伤害。或者，选择一款可以

Part 8
About
手脚护理

抗老
护理

手指
护理

足部
护理

Part 9
About
头发护理

日常
护理

头皮
保养

修复
受损

Part 10
About
内调外养

喝出
水润

吃出
美丽

搭配当天着装的帽子。

2. **撑伞**也是一个不错的选择，防晒的同时又能提升时尚度。关键是拍照拗造型好看！

3. 除了上述的物理防晒，侯老师更建议大家尽量**避免烈日当头的时候出门**，减少阳光的暴晒。

在上午 10 点至下午 3 点紫外线最强的时间段尽量不要外出，以便将紫外线对头发的伤害降到最低。

如果避免不了，就在出门前抹上一些免洗的保湿润发乳，并且随身携带一瓶标有 UVA/UVB（紫外线）的发丝防晒保湿喷雾，随时帮助发丝补充水分，配合物理防晒，就不会使发丝变得干枯，无光泽。

4. **从海水里出来一定要尽快冲洗头发和身体**，防止有害物质附着在头发上对发丝造成伤害。可以在接触海水前，用淡水将头发打湿，避免海水中的盐分让发丝干燥。

5. 每天利用**宽齿梳**将打结的头发梳开，再使用洗护产品，吸收会更好。

做好了这些功课，穿好漂亮的泳装尽情地去海边玩耍起来吧！

Part 6
About
去海边

装备　彩妆　护发　安全
事项　晒后
保养

Part 7
About
牙齿保养

日常
保养　隐形
牙套　吐气
如兰

海边安全注意事项 04

听说，鲨鱼是一种很可爱的"小"动物。

如果不小心被鲨鱼咬了一口，它基本上是不会再咬你第二口的。因为它们发现你不是海洋生物就会放你走了。那为什么说被鲨鱼攻击后会丢性命呢？那是因为第一条鲨鱼咬了一口觉得不合胃口后转身走掉，但血腥味会吸引到附近的鲨鱼，紧接着每只鲨鱼咬你一口"不好吃！""算了，不是我的菜。""啥破玩意儿啊？"一口一口，一口一口，一口一口，于是你就死了……好了，这一小章节的百科大全和十万个冷笑话课堂时间结束。

你会想这是"什么鬼，好好地怎么说到鲨鱼了！"因为，如果得知身边有要去海边旅行的人，我都会下意识地嘱咐大家注意安全，但大家也都是玩笑地说："放心啦，我这么瘦，鲨鱼不会想要吃我的。"大概在大部分人的认知里海边安全注意事项大概也只有不被鲨鱼盯上就好！

虽然被鲨鱼咬不是一件幸运的事情，但也有人因为被鲨鱼袭击，捡回一条命。记得曾经看过一篇报道，一个外国家庭去海边度假，父亲由于在帮助女儿躲避鲨鱼追赶时不幸被鲨鱼划伤了背部，一家人不得不提前结束假期到医院救治，却意外发现这位父亲肾部长了一个肿瘤，还好是初期没有恶化，因祸得福。

Part 8
About
手脚护理

抗老
护理

手指
护理

足部
护理

Part 9
About
头发护理

日常
护理

头皮
保养

修复
受损

Part 10
About
内调外养

喝出
水润

吃出
美丽

至于说被鲨鱼咬伤之后会不会变身怪物这等荒谬的事情还是左耳听右耳出就好，但旅行中如果受伤切记及时就医，打破伤风疫苗，服用消炎药，避免伤口感染！

出门在外安全最重要，也不止躲避鲨鱼这一条海边安全法则。不论是下海前、在海水中玩耍时，还是海边游玩之后其实都有很多容易被忽略的安全事项。

下海前：

1. 不要在非游泳区游泳。危险！危险！

2. 游泳别喝酒，喝酒别游泳，否则发生溺水的概率大于80%。月经期间禁止游泳，否则引起痛经问题就不好了。而且身体可能会记住这个疼痛信号，下一次继续折磨你。

3. 高血压患者、心脏病患者；患中耳炎、患急性眼结膜炎的人站在海边吹吹海风就好啦。不要指望着在大海里快乐地徜徉。

4. 到了海边，换好泳衣后，先做一些热身工作，防止入水后身体抽筋，记得喝点水、吃一些东西，八分饱就好。吃海鲜后，一小时内不要食用冷饮、西瓜等，更不要马上去游泳，不然入水后会觉得不舒服。

在海水中玩耍时：

1. 不要游泳时间过久。

2. 最好不要向海的深处走，小心涨潮，导致距离变远，体力消耗过大。与其他人结伴而行，带好救生圈，也不要在水中嬉闹，防止呛水，如果有物

Part 6
About
去海边

装备

彩妆

护发

安全
事项

晒后
保养

Part 7
About
牙齿保养

日常
保养

隐形
牙套

吐气
如兰

品被冲走追不上的情况果断放弃，千万别追。

海边游玩之后：

1. 上岸后要防止暴晒。

2. 立即用淡水冲洗身体和头发，之后擦干，避免感冒，也防止海水中的盐分与化学物质对皮肤与发质造成伤害。

3. 游泳后不要马上大量进食。也要避免食物中毒，在海边吃海鲜时应确认好是否新鲜，海鲜不宜和啤酒、葡萄、石榴、山楂、柿子等同食，会出现呕吐、头晕等症状，吃海鲜时应配以干白葡萄酒，因为其中的果酸具有杀菌和去腥的作用。关节炎患者少吃海鲜，减少关节炎症状加重的危害。

　　出行去海边游玩，希望每个人都能有忧患意识，做好安全注意事项的功课，带着安全和收获回到本来的生活，才是旅行的意义。

05 晒后保养

去海边，最怕晒，因为海边的温度较高，紫外线也更强。大家经常听我说紫外线有多可怕，因为紫外线不但会把我们的肌肤晒黑、晒伤、晒出炎症。最可怕的是我们肌肤的衰老，90% 都源于此，这就是所谓的"光衰老"。

尽管出门前里三层外三层地涂抹防晒产品，还是会在灼灼的阳光下存在晒伤的风险，大部分人在面对肌肤晒伤以及晒后修复时会觉得无须在意，顺其自然就好，经过一个冬天的恢复，肌肤色度自然而然地会恢复如初是心中安慰自己的坚定却不靠谱的信念。

如果对晒后的肌肤没有及时的呵护，肌肤暗淡、粗糙、细纹、松弛等一系列加速衰老的问题，等到想要补救为时已晚。

所以，晒后修复需要及时进行，呵护好肌肤，不给肌肤问题留隐患哦。

一、首先暴晒后的肌肤不要着急用美白产品，不要热敷也不要冷敷，避免损伤皮肤，而是要先为肌肤补充充足的水分。使用专门晒后啫喱或修护喷雾，水润的质地利于肌肤迅速吸收，能缓解晒后肌肤灼热感。之后再使用单一补水、保湿的护肤品为肌肤补充并锁住水分。像是乳霜、凝胶面膜：主要功效是滋润和保湿，尤其适合晒后修复！

二、暴晒后皮肤修复期的日常清洁要注意选择氨基酸为基底的温和类型，不仅可以有效清除面部残留的污垢，还不会损害肌肤的保水层。另外也忌去角质，避免对肌肤的二次伤害。

三、暴晒后的肌肤尽量不要化妆，一来减少上妆、卸妆过程中对皮肤的损害，二来防止色素沉淀导致情况加重。如果皮肤发红但是又有重要情况需要从视觉上改善的话，可以选择含有氧化锌成分的防晒霜。氧化锌具有润色的效果，还能修复受损肌肤，减少皮肤炎症的产生，让晒后的肌肤尽快恢复健康。口红当然可以继续涂起来。毕竟很多人判断一个女生化没化妆、化的是淡妆还是浓妆的唯一参照物就是口红的颜色和饱和度。

四、晒后补充维生素 A、维生素 C、维生素 E，不仅可以调节身体的免疫力，还能改善皮肤组织，抑制色素沉淀和黑色素的形成。修复期间，少吃甜食、肉类等酸性食物，避免影响维生素 B 群的代谢，引发痘痘、黑头等问题。

五、暴晒后的第 72 小时开始是美白和抗氧化的黄金时间。先借助按摩产品疏通肌肤排污管道，改善面部循环，再用化妆棉浸湿美白化妆水轻拍脸部。之后将美白精华从上往下，从内至外涂抹。最后记得使用乳液与面霜做好保湿功课，并好好巩固前面所用

Part 8
About
手脚护理

抗老
护理

手指
护理

足部
护理

Part 9
About
头发护理

日常
护理

头皮
保养

修复
受损

Part 10
About
内调外养

喝出
水润

吃出
美丽

的美白精华的功效。

六、无论是大家在海边阳光下玩耍，或是平时熬夜加班，亦或是参加派对之后，都一定要注意做好肌肤的抗氧化功课。

因为来自紫外线、熬夜、睡眠不足、辐射、情绪压力等原因，都会加速肌肤的氧化。让你看起来肤色暗沉发黄，毛孔粗大。

而这些肌肤损伤累计起来，就会加速肌肤的衰老。

市面上的美白类护肤品林林总总，如何把好用的那些挑出来呢？

应该是从质地入手？还是应该由包装来决定？这个时候你需要理智。

接下来我把如何挑选美白类护肤品的心得拿出来，分享给大家。

挑选美白类产品的心得大分享

1. 选择具备良好保湿度的美白产品，来避免传统美白产品偏干的现象。
2. 一款既可以祛黄又可以淡斑的美白精华才是双管齐下的全效美白精华。
3. 选择质地轻薄的美白产品，避免肌肤不能自由呼吸的现象。
4. 一款拥有科技配方的美白产品，可以让你的美白功课来得更加行之有效。
5. 使用植物萃取成分的美白产品，与肌肤的亲和度会更高，也会更温和不刺激。
6. 选择瓶身不透光，按压式的美白类护肤品，有助于其中精华成分的稳定性。

Part 6
About
去海边

装备

彩妆

护发

安全
事项

晒后
保养

Part 7
About
牙齿保养

日常
保养

隐形
牙套

吐气
如兰

使用美白精华技巧大公开

1. 做好肌肤的补水保湿功课，可以帮助美白类护肤品发挥到最大功效。

2. 敷补水面膜之前，为自己涂抹一层美白精华，可以提高对美白成分的吸收度。

3. 晚上使用美白精华的时候，可以在重点需要提亮的皮肤区域用指腹轻轻按压按摩。

4. 美白精华应该在补水精华之后再使用，效果会更明显。

5. 早晚两次涂抹美白精华时，要记得用指腹的力量，按照由内向外打圈的
方式均匀拍打108下来提升肌肤的循环和吸收能力。

持续保持美白方法大揭密

1. 除了保湿、美白的水乳、美白精华等，定期使用抗氧化面膜也是不错的选择，真正的美白保养观念，需要抗氧化面膜的辅助，对抗来自电子产品、空气污染造成的皮肤氧化问题，达到一个修复的作用。

2. 多吃水果，例如橙子、番茄、葡萄等补充身体所需的维生素 C、维生素 E，利用水果转化成身体所需的各类美白因素，每天摄取适量的水果会使美白的效果持续增加，为白皙靓丽的肌肤保驾护航。 根据肌肤情况听取医师建议刷酸，因为可以让产生黑色素的酪氨酸酶的工作节奏变慢下来，对于淡化色斑晒斑和美白也都有功效。

3. 多喝水，除了不得不喝的白开水之外，蜂蜜柠檬水是不错的选择，排毒养颜，清除身体的毒素，美白度也会相对提升，搭配使用美白精华产品，达到内外兼修的效果。

4. 每天涂抹防晒乳，才可以确保你肌肤白起来的速度不会被紫外线打乱。有必要的话，每隔两个小时补涂一次防晒。

5. 但也不要觉得有了防晒霜就可以肆无忌惮地在阳光下玩耍，紫外线的侵蚀对于皮肤问题是有增无减的，呵护好肌肤的角质层，否则再多的晒后修复加美白精华也挽救不了晒伤发红的肌肤。

6. 早睡早起，利用夜间皮肤比白天修护能力强的法则，安安稳稳地睡好美容觉，达到最

好状态来使用美白精华产品。如果皮肤细胞的活性变低，或是肌肤角质层的代谢变慢，这都会让你看起来肤色暗沉，没有光泽。所以，如何帮助肌肤细胞注入能量，不仅是美白必修课，同样也是肌肤抗老的必修课。比如说极地花精粹和黑钻松露的提取物等，就可以为肌肤注入满电的新生能量。另外，小分子的维生素 C，以及像是针叶樱桃或是牡丹根提取物的添加，也让护肤品的美白功效再次升级，吸收效果更加显而易见。

7. 无论使用什么样的方法获得美白，最重要的还是贵在坚持，美白的过程是漫长的，效果也不是立竿见影的，持之以恒的信念加上适当的方法才是打开美白的正确方式。

侯老师私房美白"四白甜汤"已上线

WHITE

银耳
山药 × 薏米
莲子

SWEET
SOUP

材料：

银耳——益气安神、滋阴强心；

莲子——养心安神、益肾涩清；

山药——生津益肺、补脾养胃；

薏米——淡化色斑、利水消肿；

将银耳和莲子用热水泡开，将银耳根部去除；薏米洗净；山药去皮，切丁。

冷水起锅，放入四种食材，开锅后再用文火熬制 30 分钟就可以了。

等甜汤冷却至温热时加入一勺蜂蜜或少许果汁就可以吃了！

肌肤晒后修复的美白功课，不仅是帮助我们外在肌肤瓦解和击退黑色素的保养方式，也是帮助我们内在心灵得到正能量的重要途径。我们每天早晚两次护肤，涂抹美白精华。当美白精华作用于我们的肌肤时，不但帮助我们赶走肌肤的暗哑，把黑色素瓦解；也让我们的内心变得更加明亮起来。当肌肤一天天变得无暇清透，我们也会忍不住在阳光里绽放出自信的微笑。而这份自信的微笑，也会让我们的肌肤显得容光熠熠。

CLINIQUE 倩碧鲜活维 C 修复精华液

DAILY BOOSTER WITH VITAMIN C 10%
8.5 ml*4

BIOTHERM
THE HEALING POWER OF LIFE PLANKTON™

碧欧泉「奇迹水」肌底精华露

BIOTHERM LIFE PLANKTON ESSENCE
125 ml

PART

第七章
美丽到牙齿

ABOUT TOOTH

01 牙齿的日常保养

　　美是关乎细节的，日常保养不仅限于是护理肌肤，纠结一下好看的穿搭，拥有一口洁白强韧的牙齿绽放笑容才是展现你自信美丽的关键。毕竟黄牙和白肤的反差可不是一星半点的，明明能够相亲成功，却被一口黄牙耽误终生的例子也不少；再或者看长相怎么也是可盐可甜、活力四射、青春无敌的美少女，怎么就被牙缝还残留着午餐吃的西兰花、韭菜叶打回包租婆原形了？所以避免这些状况发生，清洁武装好我们的牙齿才能美丽得刚刚好！

　　当然好好对待牙齿这件事儿我们也是后知后觉的，尽管年少时被父母灌输糖果对牙齿不好、饼干不好吃、巧克力有毒、睡前记得刷牙的思想，还是会在父母外出或者不经意间用这些东西填饱肚子，大概这也是为什么孩童时期对饭菜表示不亲切友好的原因之一。

　　见惯了太多孩子们哭闹着要糖果、私藏巧克力等戏码之后其实是有点哭笑不得的，因为这个时期我们都经历过。但是长大后的我们深知饭菜的好，开始大口吃肉大口喝酒，走上不爱吃糖体重依然飙升的不归路，当然这建立在牙齿好的前提下，毕竟牙疼是一种无法言说的痛，尤其是吃饭时，突然的牙齿疼痛会使人心情不畅，没有心情吃饭，甚至莫名恼火。

排除先天基因，父母赐予了一口好牙之外，真正的好牙只能靠后天努力了，否则面对各类冷的、热的美食，也只能望而却步说拜拜了。

不得不说一口好牙的确能吸引很多的焦点，最主要的是节约钱啊，想想去牙科诊所遭受的罪也只能叹叹气摇摇头，后悔以前自己没有好好爱惜牙齿了。

你没有好好对待牙齿，牙齿自然不会善待你喽。我是来拉仇恨的，我没有感受过牙齿无缘无故疼起来的感觉，因为我有正确的刷牙方式！但是我的朋友向我形容说牙疼的时候其实是细菌们在你的口腔里开会，细菌们会先探讨你今天吃了什么好吃的，然后控制不住自己开始在主人的牙齿上打洞想要一探究竟，挖着挖着发现你开始有排斥的反应，细菌们则会更加兴奋！而你却没有任何的办法，只能绝望。虽然说这是一个略有点搞笑的歪理，但说起来归根结底还是因为自身没有将牙齿刷干净，让细菌们有机可乘。

揭秘牙齿日常保养的建议之前，先对认为自己每天进行两次刷牙的清洁就算是完成保卫牙齿任务的，给你个白眼自己体会去！刷牙只能将附着在口腔表面的剩饭清理干净，并没有将隐藏在牙齿缝隙间的残羹一网打尽。

Part 8
About
手脚护理

抗老
护理

手指
护理

足部
护理

Part 9
About
头发护理

日常
护理

头皮
保养

修复
受损

Part 10
About
内调外养

喝出
水润

吃出
美丽

刷牙的正确打开方式

1. 一定要在饭后使用牙线进行清理牙齿缝隙，防止细菌残留。尽量不要使用牙签，因为会造成牙缝增大。

2. 分装漱口水随身带，茶余饭后漱一下口终归是有好处的。

3. 如果不用超声波牙刷、水牙线，你就永远不知道把牙刷干净是什么感觉。

4. 冲牙器可以产生每分钟 1200 次的超细高压脉冲水柱。不但可以让口腔清洁达到完美清洁的状态，还有按摩牙龈的保健作用，感觉很舒服。

5. 记得使用舌苔牙刷，彻底清洁口腔内的每一个地方。

笑容像是冬日里的暖阳给人温暖和力量，牙齿作为笑容的坚强后盾，希望能够获得你悉心的善待！

侯聪专业推荐

MAGIC HAUS

摩殿 MAGICHAUS ecodenta 牙膏

TOOTHPASTE 100 ml

你是否需要戴隐形牙套

在我戴牙套期间见过我的人都嘲笑我是大舌头，而且是控制不住的大舌头，

就是说越是想要避免这种现象越是不知会从嘴里冒出一句什么来，知道的是带了牙套才这样，不知道的还以为我是受了什么刺激导致口齿不伶俐了。

现在正式为我的"大舌头"洗刷冤屈，罪魁祸首其实就是牙套。但就算是为了美付出了一段时间"大舌头"的代价，我还是会依然和大家说，一口整齐的牙齿不常有，但是隐形牙套可以有。

不说身边人，看看明星们矫正牙齿前后的变化比比皆是。因为配带牙套堪比整容，为了美小仙女、小鲜肉们自然不会放过这个机会。

艺人美的同时也要承受社会舆论的压力。为了力证只是做了牙齿矫正的明星们也躲不过医学检查来自证清白。比如说去医院做个脸部全面大检查，得出结论人家只是单纯的牙齿矫正，货真价实的纯天然无添加这种事也经常能在各类报道上看见。

网友们则表示牙齿矫正后相当于换脸。的确牙齿美容后气质会多一丝高冷，少了一些邻家的稚嫩气息。不过，自信这事儿，是会因为佩戴牙套之后有很大提升。

Part 8
About
手脚护理

抗老
护理

手指
护理

足部
护理

Part 9
About
头发护理

日常
护理

头皮
保养

修复
受损

Part 10
About
内调外养

喝出
水润

吃出
美丽

既然想修正一口"恐龙牙"，拥有想笑敢笑工整的牙齿，建议如果经济条件允许还是趁早。美国人比较注重牙齿方面的美感与口腔的卫生，凭借先进的牙齿矫正技术，大多数的美国人在四十岁之前会选择进行牙齿矫正，获得整齐划一的牙齿，定期进行洗牙等，绽放灿烂的笑容。在中国，越来越多的人加入到牙齿矫正的行列里来，更加追求健康美丽的生活方式。也会有一部分人纠结选择什么样的牙套比较好？会不会矫正过的牙齿没有明显的改善等问题。

牙套是用来矫正牙齿整齐度的工具。牙套的分类大致上有：

1. **普通牙套：** 金属托槽，分为进口与普通两种，是使用最广泛的牙套种类，价格适中。

2. **舌侧牙套：** 陶瓷托槽，具有和真牙齿一样的颜色，美观性较强，但易碎。

3. **自锁牙套：** 利用机械性特殊弹簧片进行固定，摩擦力低，有助于轻力矫治。

4. **无托槽牙套：** 采用高分子材料所制成的透明隐形矫治器，可自行摘带。

佩戴牙套的过程：

1. **咨询：** 向医生咨询并制定矫正方案。

2. **拍片：** 拍牙齿各个角度的照片，了解牙齿的骨骼生长情况。

3. **制模：** 用一种快速定型的胶剂放到你牙齿上，咬1－2分钟就可以取出，歪歪扭扭的牙齿便被复制出来。

4. **拔牙、分牙：**为了更好地矫正你的牙齿美观度与佩戴牙套，会根据情况拔牙。

拔牙之前医生会询问身体状况，有心脏病、血小板少的最好在拔牙前做一个检查，避免拔牙造成昏厥、血流不止。如果检查各项指标不合格，那么就请放弃治疗，不要以为拔牙不会有生命危险。我在读大学的时候，同寝室的室友因为白天拔牙，夜里依然血流不止，我们还上演了翻墙去医院的戏码，幸亏及时止血，没有生命危险。

倘若缺少牙齿之后说话漏风，缝隙会在佩戴牙套之后慢慢靠拢。分牙是分牙圈套在上下左右的大牙之间，时间大概在一个星期左右，目的是为了固定牙套的钢圈。

5. **上牙套：**初带牙套时会对口腔造成磨损，出现口腔溃疡，吃东西磨嘴的现象，就好像你是 40 码的脚穿了双 36 码的鞋子。

6. **复诊：**每隔一段时间医生会要求你到医院复诊，查询你牙齿的状况，解决矫正过程你所遇到的问题。大概六个月左右，医生会利用橡皮筋来给你的牙齿收缝，后续也会慢慢调整定型，保证牙齿的矫正度。

7. **摘牙套：**到达佩戴时间，就可以摘取牙套准备迎接全新的牙齿了。摘掉牙套之后给牙齿来个美白 SPA，笑起来闪瞎前任。当然，这个时候你还是需要佩戴保持器。我现在戴的保持器是固定在牙齿背面的。平时不需要摘卸，也完全看不出来。省了麻烦的同时，也让你进行牙齿矫正，让自己看起来更美的心愿得到实现。但是，有那么几颗牙齿的地方用不了牙线了。所以这里需要水牙线的登场。

给大家几个建议

1. 选择正规医院，正规牙套。

2. 选择价格与品质成正比的产品。

3. 佩戴期间注意口腔卫生，勤刷牙漱口，避免吃过硬的食品。

4. 口腔的磨损擦伤可以涂抹药膏，多吃含有维生素 B 的食物。

5. 不要因为心急未到时间提早摘掉牙套。

6. 牙套出现问题，及时寻求医生得到帮助，不要自行解决。

7. 摘掉牙套半年之内配合牙齿保持器效果更好。

8. 养成良好的用牙习惯，避免二次造成牙列不齐。

让我们每一天都能发自肺腑的欢笑，不吵不闹，感受因为矫正牙齿带给自己的收获，虽然好看的皮囊千篇一律，有趣的灵魂万里挑一，但牙齿整齐更美好！

Part 6
About
去海边

装备

彩妆

护发

安全
事项

晒后
保养

Part 7
About
牙齿保养

日常
保养

隐形
牙套

吐气
如兰

做个"吐气如兰"的鲜美人 03

　　记得之前有一次录节目的时候，节目开场前，感觉有点饿，秉着不吃饱饭哪有力气干活的理念点了份豆角焖面，忘记备注不要葱花、不要香菜、不要蒜……再加上饿得头晕眼花，全然不顾面里加了什么配料，紧着吃生怕耽误录节目的时间，听见有人边开门边嫌弃地说："这什么味儿呀！谁吃大蒜了？"我抬头看了看他，他吸了口气话风一转说道："呦，原来是侯老师您啊？真香啊！我都流口水了。"除了应声答应我还能说什么？对着加了葱花、香菜、蒜的豆角焖面我也很绝望啊，但是，我有秘密武器，绝不向"口气恶势力"低头！

　　保持清新的口气不仅彰显了自身对口腔的重视，也能在与人对话时避免小尴尬，否则就算是好看的皮囊有口气，也会遭嫌弃！

　　比如我有一朋友，讲起年少无知的事情来，绝对是一件比一件惊天地泣鬼神，有一件事是说当年她上高中的时候喜欢班级里一位同姓氏的小哥哥，暗恋了三年之余，决定毕业当天大声表白说出爱，趁着班级里的同学们跑出去拍合影时，朋友趁机坐在小哥哥对面深情款款地望着，说了一句："我喜……"小哥哥问："希什么？"朋友说："希望你考个好大学！"这都什么和什么？说好的表白呢？害羞啦？临阵脱逃了？朋友说："因为小哥哥一张口说话，她就被一股口气熏得把话憋回去了。"现在一想起这件事还觉得缺氧。

　　足以见得随时保持口气清新是多么重要的事情，否则白白毁了一段好姻缘，这不是重点，重点是想要做个"吐气如兰"的鲜美人需要谨记以下几点：

　　奉劝喜欢吃蒜、葱、韭菜等这些有气味的食物的人请随身携带漱口水、口气喷雾，方便饭后及时清除口气，尽管不能根治口气，但也能江湖救急。你要相信，很有可能你的某个合同没有签成，不是因为你口气太大，只是因为你牙缝残余的韭菜叶和你一直不间断的打嗝"口气"太大。

　　我不是一个绝对的素食拥护者，不会给自己定上每天吃素，吃上一年、几年甚至永久的目标，凭借偶尔吃几个月的素制定了属于自己的素食主义，因为有间隔的吃素周期，并不会觉得没有肉吃不下饭，而是享受到了吃素带来的身心轻盈、口气减淡，可能是清

楚在不吃素的月份里肉还是可以吃起来的。所以不能长时间坚持吃素的人，可以定期进行一个短期的吃素行动，多吃水果、蔬菜清肠胃，吐"鲜"气！

另外注意勤刷牙，选择有抑菌效果的牙膏，刷牙时将牙膏打成泡沫，在口腔内多停留一会儿，定期做牙齿清洁除了能够维护口腔健康，也能够保持口腔内部的清洁，为"吐气如兰"做好坚强的后盾！

人人都知道吸烟、喝酒有害健康，却还是沉迷香烟无法自拔，烟内的有害物质不仅会导致吸烟者牙齿变黄，也会带来口臭的弊端，所以戒烟、戒酒是必要的。

少熬夜、睡前不要大口喝水，否则第二天会特别有"口气"。

常喝桂花茶，醒脾开胃、疏肝理气、缓解口气和牙痛。

生活里很多重复的场景就是吃饭、漱口、喘口气，然后继续工作，有条不紊地保持好生活与工作的平衡。有人说生活就像骑自行车，唯有时刻前行才能保持平衡。那么，希望你在"骑车"时候与每一位的交谈，都让人如沐春风。

PART

第八章
手脚护理
ABOUT HAND FOOT CARE

01 手部的抗老护理

单身妹子的福利来了！究竟如何撩男神？看这里！摆脱单身技能学起来！

答案就是涂护手霜时故意多挤一人的量，然后对男生说："哎呀，挤多了，擦了扔掉怪可惜的，来，伸手。"然后用双手包住他的手帮他涂匀，十有八九他就是你的啦。

有没有觉得这个关于撩男神的技巧深藏功与名。等你成功撩到你的男神后，记得再多买两本我的书哦！啊哈哈哈。

为什么要将护手霜作为这一小章节的切入点呢？因为你和你的另一半在今后秀恩爱的日子里是免不了要大手牵小手，走在满世界的大街上撒狗粮的。

不过上述情形是建立在手如柔荑，纤纤曼妙的前提下，否则当你要与别人牵手时，一双粗糙的双手伸出来应该会尴尬吧！

记得有一次在餐厅吃完东西后，回到商场店里拿刚买好要求打包的衣服。见到店员，我伸出了手表示说给我。

店员热情地望着我的双眼，并双手握住了我的手……这就尴尬了。

我说："把衣服给我,谢谢。"

自恋一下,大概店员是迷恋我的手吧!所以一双手的魅力相当于一张英俊的脸!

不过每天游戏玩到手抽筋?修图修到手抽搐的人千万不要说你的手光滑白嫩,在与手机的摩擦中你的手已经粗糙得不行了。这时你需要注重手部保养,一名温婉雅致的人,一定是会保养到身体每一个细节的。

手是人的第二张脸,那么请问你自己到底有没有好好地保护它?有没有因为手部肆意生长的皱纹、凸起的青筋和微小的斑点暴露年龄,错失很多机会?

那么如何进行手部的抗老保养?

1. 温和清洁:为了洗干净双手你还在用香皂?赶快停止!

清洁型肥皂是令手部变得粗糙的最大元凶。尤其是女性,每天都在接触大量的化学清洁剂,洗去了手部的油脂,使双手变得干干的,甚至裂开。买一瓶有滋润保湿功能的

Part 8
About
手脚护理

抗老
护理

手指
护理

足部
护理

Part 9
About
头发护理

日常
护理

头皮
保养

修复
受损

Part 10
About
内调外养

喝出
水润

吃出
美丽

洗手液吧，洗手又不伤手才是王道！

侯老师小建议：淘米水是个好宝贝，用它来洗手会使肌肤滑嫩，不干燥。经常使用可有意想不到的效果哦！

2. 护手霜不只是涂抹上那么简单！

对于必须涂抹护手霜的人来说，只要皮肤干燥，就会立刻拿出护手霜为双手滋润。

但要注意，涂抹护手霜之前一定要清洁双手，因为双手会携带很多细菌，不清洁就直接擦护手霜，营养就会和手上的细菌混在一起。

3. 涂抹护手霜时，要先将护手霜适量挤在掌心，手掌揉搓发热后均匀涂抹双手。关节处和指甲边缘可多涂抹一些。

用手指以螺旋状在手背循环打圈按摩，并针对关节进行拉伸，这样做会加快手部血液循环，促进吸收。切记不要在涂抹日常面部肌肤产品时，用残留在手部的多余精华、面霜等替代护手霜一抹而过，否则置护手霜于何境地？哈哈，还是要专物专用才能发挥产品的最大功效。

4. 光是做好前面几条小细节还不足以对抗手部肌肤的衰老，那就每周为你的手部做一次 SPA 吧！

准备好橄榄油、酸奶、一次性手套或加热手套。

手部 SPA 流程

1. 在温水中滴入几滴橄榄油，将双手完全浸入。十分钟后取出，使手部角质充分软化。

2. 使用去角质产品轻轻按摩手掌和手腕，特别注意容易产生死皮和倒刺的指甲边缘。

3. 用柔软的毛巾将去除角质的双手擦干。将酸奶均匀涂抹在双手上，轻轻按摩，带好手套。十五分钟后温水洗净。

4. 后续涂抹护手产品。按摩至吸收。

一起操作起来吧！让我们的双手回归白嫩柔滑。

Part 8
About
手脚护理

抗老
护理

手指
护理

足部
护理

Part 9
About
头发护理

日常
护理

头皮
保养

修复
受损

Part 10
About
内调外养

喝出
水润

吃出
美丽

02 让你的美细致到手指

冬天对于爱美的女生来说，绝对是一个又爱又恨的季节。

爱是因为在寒冷的冬季，可以喝热乎乎的茶，和男朋友要暖暖的拥抱。

单身的可以抱狗型、猫型取暖器啊，我的六只猫咪一起跳到身上来时，我根本站不起来。

而恨的原因就显得简单、冷！尤其对于天生就比较畏寒的女生来说，简直度日如年，恨不得做任何事都希望在室内完成，想做 24 小时的温室花朵显然不靠谱。而如果想要秀出自己的时尚品味，忽略了对暴露在外面肌肤的呵护，是为了美丽"冻"人，还是想伴随各类风湿老年病提前步入退休阶段？

之前 90 后脱发上了热搜，那请问 00 后患了关节炎之后会上热搜么？

天冷了，不仅要穿好看的行头，注重面部的护理，手足的保养同样也非常重要。加上秋冬温度低、干燥，容易让手部水分过快蒸发，血液循环和新陈代谢也会随之变得迟缓，导致手部出现干燥、皲裂等问题。如果不注意这些小细节，在你和男朋友的浪漫约会中，他想牵起你的手在雪地里漫步，却握到了干燥粗糙的手和断裂的指甲，是极度扣分的啦。

Part 6
About
去海边

装备

彩妆

护发

安全
事项

晒后
保养

Part 7
About
牙齿保养

日常
保养

隐形
牙套

吐气
如兰

为了杜绝这样的尴尬，为大家总结修手的日常小贴士，让你无时无刻不仅能从着装上比肩线上知名女星，细节同样也能体现出都市摩登女性的时尚感，让你的自信从内而外绽放。

为了让你的美细致到手指，记得勤修手。修手日常小贴士：

1. 首先做好每日手部防晒

虽是没完没了地说过很多次，但还是不得不强调冬天防晒的重要性。在冬季，总让人觉得不需要做防晒，但是冬天空气相对稀薄，紫外线的穿透远比夏季强。除了面部、手部的防晒同样也要做，紫外线可是会让你投机取巧的心理得到应有的小惩罚，很容易导致手部出现斑点、细纹等。

所以，无论冬夏，在出门前，为手部做好防晒功课也是每天的必修课。尤其是开车的小伙伴，不要忽略你握住方向盘的双手！

2. 偶尔做手膜

每天只是单纯涂抹护手霜的话，手部保养是远远不够的。尤其在干燥的冬季，所以

每两周至少一次的手膜，可以更好呵护这个我们可能会忽略的部位。不过切记在每次做完手膜时，一定要涂抹后续的护肤品，最大程度锁住养分，让手膜发挥出更大的功效。

3. 去死皮

手部死皮很容易堆积，所以定期为手部去死皮非常重要。

目前市面上有很多专门为手部设计的去死皮产品，相比面部去死皮产品来说，这类产品的去死皮力度会更强一些。因为手部的皮肤比面部的角质层要略厚一些。手部去死皮的功课无需过于频繁，一周做一次就够啦！

在修理指甲与指甲边缘死皮时，有些人会习惯把指甲剪得很短。殊不知这样不仅不能保护好手指，反而会起到反作用，因为你在做家务或者工作时，很容易使甲床（指甲和趾甲深面的基底部分）受伤。情况严重的话，会诱发甲沟炎，还易受到真菌的侵害。

所以，修剪指甲时，无需沿着指甲缝修剪，保留 1mm 左右的指甲最佳。剪指甲的时间可以选择淋浴后，或是将双手在温水浸泡几分钟之后进行。因为这时候指甲会变软，修剪更加便捷，也能减少对指甲的损害。

要从一边慢慢修剪过去，切记不要从中间开始修剪整个指甲，这样指甲受到过大压力容易断裂，之后再用指甲刀上面的锉刀由两侧向中间磨圆，最后在指甲上涂抹护甲油或营养液就可以啦！所以完美的双手不但要甲型好看，也要甲床周围没有死皮！

4. 日常注意事项

作为元气满满的都市美少女，不仅要在穿搭上有自己独特的理解，在细节的处理上

小贴士

1. 提重物或做家务时，选定几副专用的手套，因为劳作时很容易加大手部的摩擦，出现掌心结茧、粗糙的情况。

2. 勤做手部运动，例如利用弹钢琴的运动，让手指一张一曲地反复运动，使手指关节灵活，促进手部血液循环，同时能让手部得到舒缓，增加手部肌肤的紧实度。

3. 如果已经做好手部护理还是有脱皮的情况，可以尝试服用维生素 A，维生素 A 属于脂溶性维生素，对皮肤的表层有保护作用，缺乏这种营养元素的话，就会导致皮肤干燥，引起脱皮现象。

更需要花费心思去呵护，以此养成良好的个人护理习惯。也别埋怨之前忽略了这些小细节，因为良好习惯的养成不管从什么时候开始都不算晚。

那么，就从现在开始吧！每周修一次指甲，如果做不到去店里修护，就按照上述方法自己修，真正的美人不只看脸，也看指甲，才能保证在工作、生活的举手投足间，展露自己的自信与美丽。

作为一名美妆老师，手的上镜次数几乎和脸持平，所以手和指甲的整洁度非常重要。因此，每个星期，我都会去修一次手，已经快十年了。这是为别人化妆时一种尊重他人的表现；也是对自己生活品质有要求，关乎到生活细节的表现。

所以对修手这种事不在乎的男士们建议去美甲店放松 15 分钟体验一下，我采访过几家美甲店的美甲师，她们告诉我：就算是男生也会是美甲店的常客哦！他们大多是被女友拖着来的。只要来修过一次，基本都会成为美甲店的回头客。毕竟，只花 15~25 分钟，就可以拥有一双整洁的双手，是会让人心情愉悦的。

不然，英国的民意大调查中也不会说：每周修一次手，是令人心情愉悦的十件事之一。所以，大家尽情享受修手带给你的快乐，让你的美细致到手指吧。

足部护理 **03**

说起谁还没犯过傻，简单说两件我的亲身经历。

第一件事是某一年我八月九号生日时带我许久没出远门的亲妹等人去毛里求斯度假，结果到了发现那边是冬季。每天都是阴天，别说下海了，到了游泳池都不敢把脚伸进去，因为水太凉，结果天天被我妹冷嘲热讽，直到今天。

第二件事是某天晚上下楼和朋友捏脚就只带了会员卡和几十块钱，打算捏完就回家。结果从崇文门被朋友们召唤到了三里屯喝一杯。打车回家，付钱时师傅说23。我说："师傅我只有22了！你等一下！"师傅帅气的一挥手："不用了，没关系，下回少喝点！"可问题是，我只喝了一杯日本清酒马天尼！

那又能怎样！有时就是需要这样随意的人生，人生就像浮云，飘来飘去。但这些不是重点，重点是我很爱护我的脚好嘛！因为寒从脚下起，很多疾病都是因为没有照顾好我们的双脚引起的。

当然很多女生会说是因为穿了不合脚的高跟鞋引起的。高跟鞋是自信与美丽的象征，也是男人发明出来折磨女人的美丽工具。因为高跟鞋虽美，可是，真的很容易脚痛啊。

我有个好朋友，是一家有名的猎头公司的前中国区总经理。每次出门都穿着能踩死一堆人的高跟鞋，顶着精致的妆容去征战沙场！但一次出国旅游，回国时因为种种原因没有化妆，并穿了运动鞋，到小区门口下车时，保安来了一句："怎么今天送牛奶来的这么早啊？"她纳闷了好久才想明白原来是由于自己没有化妆、没穿恨天高，被误认错人了！

不得不说夏天，看一个女生是不是真的爱保养，请看她穿着凉鞋所裸露在外的脚后跟。所以保养不要只顾"面子"！除了面部肌肤的补水滋养，像手肘、膝盖等角质层易堆积的部位可以每周做一次身体磨砂。之后记得在身体还湿润的时候使用些滋润温和的身体乳或水质精华身体油，这样吸收效果才最好。而且不要用过热的水洗澡、泡澡。那样肌肤会更加干燥。

还有每两周至少一次的足膜，可以更好呵护这个我们可能会忽略的部位，也能够放松身心，静静享受当下时刻的美好。不过切记在每次做完足膜时，一定要涂抹后续的护肤品，最大程度锁住养分，足膜才可以发挥出更大的功效。

如果你很少做足膜的话，在做完的后续两三天，会出现脱皮的情况。这个时候切记不要用手去撕，静待死皮慢慢脱落即可。如果手欠去撕的话，可能会对皮肤造成损伤，得不偿失（但，真的会有人撕么？想想就好痛！）

俗话说"睡前一盆汤，胜过开药方"，每天晚上泡脚对于身心的舒缓是非常有帮助的。

Part 8
About
手脚护理

抗老
护理

手指
护理

足部
护理

Part 9
About
头发护理

日常
护理

头皮
保养

修复
受损

Part 10
About
内调外养

喝出
水润

吃出
美丽

泡脚可以改善全身的血液循环，缓解一整天累积下来的疲劳，同时还能减少冬季少动形成的腿部水肿现象以及改善睡眠。寒天自然是泡脚的好时机，最好水面可没过小腿足 3cm。

推荐几款泡脚小秘方给大家

1. 艾草加姜可治风寒感冒、关节病、类风湿、咳嗽、支气管炎、肺气肿哮喘。

2. 艾草加红花可改善静脉曲张，末梢神经炎，血液循环不畅。

3. 艾草加盐适用经常眼红、牙痛、咽喉痛、气躁心烦、上火下寒、脚腿肿胀。

4. 除此之外，在泡脚时，还可以添加些许白醋，白醋能增强皮肤弹性，使皮肤变得光滑，还可以祛除风湿，改善畏寒怕冷等症状。

泡脚注意事项

1. 泡脚的时间不宜过长，一般控制在 15~20 分钟即可。

2. 水温控制在 45 摄氏度为佳。

3. 水量以淹没脚踝部为好。

4. 如果想避免频繁添加热水，可以选择市场上的泡脚仪，操作简单方便，是个不错的选择。

作为元气满满的人，不仅要注重大体，在细节的足部护理上更需要花费心思去呵护，养成良好的个人习惯，获得的美丽与舒适，就算是抚慰每天奔走于各个地方的自己吧！

PHILIPS

飞利浦电动美足仪 BCR431

Pedi Prestige

. . . .

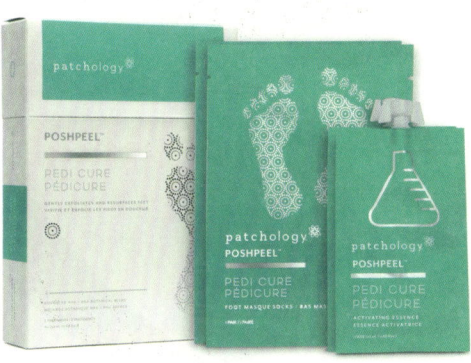

MAGIC HAUS

摩殿 MAGICHAUS patchology 去角质脚膜

The Superior Soft Stepper 2对/盒

PART

第九章
如何保养头发与头皮
ABOUT HAIR & SCALP

01 日常的头发护理

有人说通往男人心里的路径之一是：胃！我会说通往女人心里的路径之一则是：美发沙龙。每次去我常去的美发沙龙剪头发的时候，都会看到几位女士三三两两地坐在那里。头上戴着烫发帽，或是各种造型特别的仪器在头上各种翻滚盘旋加热。她们动作整齐地拿着手机，炒着股票，聊着后面的约会。最大的共同点则是：当发型师靠近她们身边的时候，她们的脸上都会浮现出一种很亲切的笑容。尤其是当被问到：温度合适么？要喝点什么嘛？大家仿佛是被问了另外一个问题：你最近过得好么？于是各种生活中遇到的奇闻轶事，和生活中的小秘密就忍不住一个个都告诉这位"魔发师"。

其实一点也不奇怪，做头发是件需要你对发型师拿出信任的一件事。这样一种亲密又奇妙的关系，不但让你拥有了美好的新发型，也让你舒缓了压力。所以，从这里走出去的时候，你会发现：走路时腰和脖颈都挺得格外直。

但想要走路时腰板挺直自信满满，不在于发型的新颖，而在于秀发可以如云般蓬松自然，如墨般乌黑亮泽。轻撩秀发的同时，让魅力如涟漪般散发，这也是有迷人气质的一个前提！

不是人人都能轻松拥有一头秀发，看看各大专柜琳琅满目的洗护产品，也就知道了从前微不足道的三千烦恼丝如今也因为各种问题变得更加娇贵了。即使再精致的发型也无法弥补种种发丝问题，所以从根源上解决问题，才是拯救发丝的良好对策。

一、头发也需要防晒

不仅皮肤要防晒，头发也需要防晒。

我一直强调一年四季无论什么天气都不要受到紫外线的侵害，所以每天出门都要涂抹防晒，这样肌肤才可以抵御紫外线的侵袭。随着护肤知识的普及和护肤意识的提高，大家都已经开始重视给肌肤做好防晒功课，但是却忽略了头发的防晒功课。头发处在我们身体的最顶端，也是最接近阳光的部位，迫使头发大量地吸收紫外线，这也是发丝受紫外线的影响，变得更加干枯脆弱的原因。

想要拥有一头柔顺靓丽的秀发，不仅靠后期保养，更要做好前期防晒功课！你可以选择一条丝巾系在头上、戴一顶帽子，或是撑一把伞，减少紫外线对发丝的伤害，关键是优雅又好看！

随身携带一瓶标有UVA/UVB（紫外线）的发丝防晒保湿喷雾，随时帮助发丝补充水分，就不会使发丝变得干枯，无光泽。

Part 8
About
手脚护理

抗老
护理

手指
护理

足部
护理

Part 9
About
头发护理

日常
护理

头皮
保养

修复
受损

Part 10
About
内调外养

喝出
水润

吃出
美丽

二、正确使用吹风机

另外，不适当的吹发也是造成发丝分叉的罪魁祸首，正确的使用吹风机吹头发比乱吹一通事半功倍。

使用吹风机的时候，一定要注意吹风机要与头皮保持最少 1.5cm 以上的距离，尤其是功率比较大的吹风机。这样可以避免对毛囊和头发的损伤。其次应该在潮湿的头发区域来回移动吹筒，避免在同一个位置停留过久。想彻底将一片头发完全吹干后，再移动到下个区域的做法是完全不可取的。

吹头发的时候应该先吹发根，再吹发梢。如果时间来得及，可以只将发梢吹至半干，等待其自然风干就可以。这样可以避免中长发因为长期使用吹风机而造成发梢干枯和分叉。

建议大家吹头发的时候可以低头，让头发自然下垂，移动吹风机来回吹干头发。再抬起头会发现蓬松的程度是种惊喜。当然，你要控制好低头吹发的时间和头发的干度。建议将头发吹至半干的时候就可以抬起头来继续吹头发。以避免把头发吹成"狮子王"！

中长发吹头发的时候要分层吹头发。这样可以避免外面头发都吹干了，而里面的头发依然是湿润的。这也是为什么理发店帮你吹过的头发比自己在家里吹的更加柔顺和蓬松的主要原因之一。

三、日常梳发很重要

日常梳头发也是关键！怎么梳？反正不是随便乱梳法！

正确的梳发方式

1. 不要一梳到底：先梳散乱的发梢，再由中段梳至马尾，最后从发根慢慢梳至发梢。

2. 梳头速度不要太快：温柔点好嘛！

3. 定期清理梳子：残留在梳子上的油脂、灰尘会害得发丝提前下岗！

4. 千万不要不梳头发：没事的时候疏通一下，让发丝与空气亲密接触。

发丝问题的确是一个令人烦恼的问题，不仅烧脑，而且三千烦恼丝剪不断理还乱，容易让人因为发质不好恼火，所以护理好发丝同样是生活中一小部分的仪式感，并且是美的仪式感，希望阁下护理好发丝，在柔顺秀发的陪伴下过好每一天。

# 02 头皮保养

脱发，发际线后移这些放在当代社会说起来，再也不是 30 多岁人的事儿了。之前微博上 90 后脱发大家探讨得热火朝天，因为大家一直单纯地以为，脱发这事儿会伴随着人到中年发福、啤酒肚和日夜操劳工作才能换来秃头。

不曾想每天吃饭、睡觉、打游戏，三点一线的生活也能让 90 后提前步入脱发危机。这真的是一件五雷轰顶的大事了，毕竟脱发严重的 90 后们总是被说成高于实际年龄，90 后表示很不开心。

就拿朋友的朋友 90 后王某来说，25 岁，收入中等，面对娶妻生子买房，头发大把大把地掉，在用了某生发水后，依然没能改变让头发一去不复返的命运，眼看着就要秃了，顶着残存的几缕秀发除了要为接下来的生计发愁，更要考虑如何保卫剩下的发丝了。否则这个正青春的小伙子可能从此要郁郁寡欢了，毕竟，他的脸型还不太适合秃。

而我们工作室的摄影师在听说吃黑芝麻能够生黑头发之后，将家里的辣椒酱、拌饭酱全部换成了黑芝麻酱不说，就连出去吃日料也要将生鱼片蘸着黑芝麻酱吃，果然黑暗料理处处有，名不虚传。看着他每天带着黑芝麻酱穿梭于大街小巷，我真的想救救他。

另外你能想象得到一位从来不吃姜的人为了让头发更茂密而选择拿生姜擦头皮么？

面对这样一位看见姜就想吐的女子竟然能够做出这种事来，不得不说我是佩服的，果然为了美，拼了！当然也能理解，谁不希望自己的头发"郁郁葱葱"！

但其实我想说，现在知道注重脱发这件事啦，早干什么去了，知道多挣钱去植发就不知道好好养护头皮嘛？

我们的头发长在头皮上，就如同植物生长在大地上一样。想要让植物枝叶繁茂，就一定要给土地浇水施肥。

那么，如果你想要拥有一头浓密乌黑的秀发，就一定要养护好你的头皮呀。头皮出现问题是间接导致发丝问题的重要原因之一。

对于脱发、头皮瘙痒、头屑或是想要发丝重生等问题，更应该注重对头皮的护理，正常情况下，健康的头皮会呈现青绿色，当头皮呈现粉红色时是出现炎症问题的预警，而当头皮呈现灰白色发亮时，则表示毛囊坏死，需要及时治疗。

在对待头皮护理这方面时，首先洗头的时候记得不要用锋利的指甲去抓挠头皮，也不要用锋利的梳子来梳头发。因为这样容易划伤头皮，损伤头皮毛囊细胞。而是要用指

Part 8
About
手脚护理

抗老
护理

手指
护理

足部
护理

Part 9
About
头发护理

日常
护理

头皮
保养

修复
受损

Part 10
About
内调外养

喝出
水润

吃出
美丽

腹按摩清洗头皮即可，同时要记得使用一些头皮养护产品，来达到清洁、滋养头皮和头发的效果。

洗头发的频率也不是越高越好！像冬季每周洗二至三次头发，夏季隔一天洗一次头发的这种频率是可以的。但对于一天洗一次头发的观点还是不提倡的。频繁洗头发会对发丝毛鳞片造成损伤，还会使头皮变得过于干燥。再加上洗头发之后用吹风机吹发、头发还未干就入睡等这些后续问题也会对头发造成伤害，更重要的是对身体健康也存在着很大的隐患！

对于喜欢中分或是偏分的人，长时间的使分发线保持在同一个位置，也会对头皮造成伤害，使得发丝因为夹板和定发夹等的拉扯造成局部脱发，所以偶尔更换分发线外，扎马尾、丸子头时可以扎得松一点，避免扎发过紧使头皮有压力。

最后除了饮食不要太油腻辛辣之外，适当搭配有氧运动让头皮分泌油脂也是保护头皮的好方法。睡前可以给头皮按摩。头皮梳理 3-5 分钟之后，重点按照头部督脉上的神庭、上星、囟会、前顶、百会、后顶、强间、脑户、风府、哑门走一遍；然后是膀胱经络上的络却、玉枕、天柱；乃至百会周边的四神通、风府两边的凤池，眼角边的太阳穴，都需要重点稍加用力按摩。可以促使头部血液循环，给头皮提供充足养分，坚持下去还能达到醒脑明目，改善睡眠，增加记忆，预防头部疾患的效果。

希望我们在悉心照料发丝的时候，记得也不要忘记对头皮的爱护，头皮健康了才能让发丝健康的生长。

如何修复受损发质

大家都清楚染发可能会对发丝造成的伤害，却依然沉迷于各种绚丽发色的魅力之下。估计是因为刚染完新发色时，发丝会散发着迷人的色彩与柔顺，可是过不了多久之后，就会出现褪色、发色暗淡、发质每况愈下等问题，这时，你可能会选择重新染色，但积少成多的化学染剂会深入发丝，破坏发丝原本构造，以至如果染发手法不当，产品选择不妥的威胁中，你的头发会在无数次的"摧残"下，发丝越来越不堪重负，变得脆弱不堪。

就拿我们工作室最爱染发的小 A 同学来说，自己总是抱怨发丝像稻草，所以除了上班时间，其余的时间都用于钻研如何修护受损发丝上了。不知从哪里道听途说用鸡蛋清洗头发，发丝柔顺去屑有光泽。据她口述：她拿着从便利店买回来的鸡蛋砸向脑袋。大概一边砸一边内心得台词是："我就不信我的铁头功磕不开一个鸡蛋"。可想而知伴随而来的是一头蛋壳和嘀嗒流淌的蛋液，以及强挤出来不服输的笑。不过还好，她用蛋清做完头发护理后，并没有用热水来洗头。不然，那就是一脑袋的……蛋花。

一、那么爱换发色、经常染烫的人应该如何养护发丝？

想要细心养护经常烫染的发丝，洗发是关键！最先要注意的就是头号杀手—水温。过热的水会让染剂分子溜走得更快，而过冷的水容易刺激头皮油脂分泌，长期以往会导

 Part 8 About 手脚护理

抗老 护理

手指 护理

足部 护理

 Part 9 About 头发护理

日常 护理

头皮 保养

修复 受损

Part 10 About 内调外养

喝出 水润

吃出 美丽

致头皮爱出油等其他问题。所以洗发时尽量选用 35 摄氏度左右的温水。

切记洗发水要加适当水揉搓出泡沫后再使用于头发，是为了避免洗发水在起泡过程中散发的微热量损害发丝。洗发后也不要忘记给发梢涂抹一些润发乳或是精油，保证发丝内营养充足。

大部分人对抗发丝受损问题时都会有冲动去剪掉，到底能否对抗发丝分叉问题？

我就想问问你，难道你不怕最后从长发及腰剪成毛头假小子？把头发分叉的部分向上剪掉 2-3cm，确实能即时解决发丝分叉问题，但这不是对抗发丝分叉问题的长久之计。总不能每次分叉你都去剪掉一些头发吧，所以，想要对抗发丝分叉，还是要先从护理入手！

日常护理仅需温和无硅洗发水即可，使用清洁成分过重的洗发水会造成头发过度失去油脂，致使发丝干枯，易分叉。

二、究竟导致发丝毛糙等问题的原因是什么？

不仅染烫会对头发造成伤害，像是高频次做头发染烫、选择错误的洗发产品这些都会刺激到发丝毛囊；洗发时水温太高破坏头皮的天然屏障；低落的心情、饮食不均衡、睡眠质量差导致神经衰弱等，影响毛囊周围细胞正常的生理活动，这些因素都会致使毛发出现枯黄、易折断等问题。

Part 8　About　手脚护理
抗老护理
手指护理
足部护理
Part 9　About　头发护理
日常护理
头皮保养
修复受损
Part 10　About　内调外养
喝出水润
吃出美丽

所以日常生活中也要保持良好的心情、充足的睡眠，另外多吃黑芝麻帮助头发乌黑发亮、多吃新鲜水果青菜补充身体所需的维生素，少吃含有脂肪量高的食物。

三、洗头发时一定要配合使用护发素！

对于长发飘飘的女生来说，洗头发本身就是一件麻烦事，对于护发素的使用估计也是少之又少，其实，洗头发的后续是一定要用护发素跟进的，洗发水虽然兼具清洁、养护的作用，但是守护发丝的重任还是要交给护发素。

因为在洗发后，头发的毛鳞片是呈现没有闭合的状态，如果没有使用护发素，那么毛鳞片就会一直处于张开的状态，发丝会遭遇更强的伤害，所以护发素的使用是保护头发不可遗漏的一部分，使用护发素时，一定要注意用量，过多的使用护发素，会滋生头皮屑。

使用护发素前要先将头发上的水分用毛巾吸一下，使头发更有效的吸收护发素，将护发素均匀涂抹在发梢即可，头皮部分不需要使用护发素。最后戴上浴帽几分钟，使发丝充分吸收护发素中的营养成分，再将护发素冲洗掉就可以了。

我们在注重潮流方向与日常穿着时，也要在头发的护理上多下一些功夫，当你穿着光鲜亮丽时，不要让受损的发质使你的魅力大打折扣，想要缩住他人的心，光靠头发的长度与重金打造的发型远远不够。完美的发质，才是头发健康的最佳标志。

滋养韧发密集强韧洗发水 / 护发乳

Root Strength Scalp Care Shampoo/Conditioner
400 ml

PART

第十章
内调外养才能变成真美人
ABOUT RECUPERATION

01 变成真正会喝水的美人

你听说过有一种说法叫做喝水就想吐嘛？我身边有很多这样的朋友，一听说要喝水简直像要她的命一样，日常生活中是一整天不喝水也不会觉得渴。其实是有原因的，除了不爱喝水之外，归根到底是视饮料如命。

我也有很多朋友只有在吃饭的时候才会想起大口喝水这件事，其实这对胃的损伤是极大的。或者再来一杯冰镇的碳酸饮料，胃部也是万万承受不起的。所以在对待这种朋友说"多喝热水"简直是禁语。我只能拿出我的独家秘方水果水来让朋友们乖乖就范主动喝水。

如果喜欢在 Ins 这样的社交网络搜索美图，就会搜到很多相关水果水的图片，因为好看又健康，水果水（Fruit Water）已经成为一种新的时尚美体饮品。看看那些美美的饮品，是不是很有想喝它们的冲动。

苏打水对健康无益这已经不是什么秘密了，炎热的夏季可能你也已经厌倦了普通的白开水。其实你可以让喝水变得有趣起来，比如加入不同的排毒水果的组合到你的水壶里去。这种好看又营养的饮品，是确保你每日达到喝水量的好方法。另外，记得在做水果水（Fruit Water）的时候要用一个透明的水杯或者瓶子，这样才能让丰富多彩的水果被看到。还能发好看的 Ins 风格的图片到朋友圈。

Part 7
About
牙齿保养

日常
保养

隐形
牙套

吐气
如兰

Part 8
About
手脚护理

抗老
护理

手指
护理

足部
护理

Part 9
About
头发护理

日常
护理

水果水（Fruit Water）不但是一种帮助你多喝水的方式；更是一种享受生活，提高生活乐趣与品质的方式。

首先，所谓苏打水对人体不好的说法是因为苏打水中含有较多的钠。就像高血压患者应该少吃盐一样，因为盐的化学名称是氯化钠。而减少钠的摄入量自然是高血压患者维持健康的重要标准。所以不宜饮用苏打水。

当然，作为非高血压患者的话，苏打水为碱性物质，对于经常大鱼大肉的酸性体质是有中和的效果的。所以，偶尔喝一些，不但没伤害，还对身体健康有帮助。喝水果水的方式，不但让水变得有滋有味，而且提高了对蔬果当中维生素的吸收度；制作的过程也是简单而又充满乐趣。

想想看：工作一天后，回到家为自己做一杯这样色彩缤纷的水果水，听一首悠扬的乐曲，是不是很放松呢。

记得我在荷兰读书的时候，到当地同学家参加派对，他们就会做很多种水果水。分成了无酒精、即时饮用，或需要提前浸泡，或者需要配合搅拌机使用等类型。

下面介绍几款很适合在家中的做法。

01 缤纷莓果饮料

JUICE

草莓 × 蓝莓 樱桃

这款饮品我用到了新鲜的草莓、蓝莓和樱桃。

为了美观，我没有把它们切片，而是用牙签在这三种水果上轻轻扎了几下。这样，既好喝，又好看的一款饮品就做好了。

这款饮品帮你抗氧化的功效，自然是好的没商量！蓝莓中的花青素对于眼睛是很有帮助的。樱桃可以补充铁元素，促进血红蛋白的补充和再生。草莓则含有丰富维生素 C。

02 绿色排毒饮

JUICE

青柠檬 × 迷迭香 苏打水

把青柠切片，新鲜迷迭香叶在掌中轻轻揉搓后丢入杯中，加入矿泉水或苏打水。

青柠当中丰富的天然植物荷尔蒙与纤维素可以帮助身体排毒，迷迭香帮助调味与抗氧化。

03 青柠百香果

把青柠洗净，切片，把百香果切开，用勺子放入瓶中。

之后根据你的心情加入矿泉水、苏打水、雪碧或是香槟都可以。

一杯帮你补充维生素 C 和能量的夏日特饮就准备好了！

JUICE

百香果

青柠 ✕ 酒水

学会几款饮品的制作，不但让你的生活更美好，更有滋味；也让你的生活充满了色彩的点缀与乐趣。不同口味的水果组合就能做出好看又营养的水果水。如果你手边正好有这些水果不妨在家试一试。让喝水也充满仪式感，希望大家过着色彩缤纷、味道清新的每一天。

MORNING TEA

NOON TEA

EVENING TEA

茶烨猫猫茶

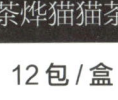

12包/盒

侯聪专业推荐

02 吃出来的美丽

大家都希望自己的肌肤水漾光滑、细腻有弹性。但有的时候仅靠护肤品是达不到理想的肌肤状态的。

护肤不仅是外调肌肤，更要从内向外散发自然迷人气质。

但内调除了吃燕窝、灵芝这些名贵的食材，其实日常生活中也有很多食材对我们的身体、皮肤有很大的帮助，更何况我们为什么要吃人家辛苦搭建的窝？

日常饮食对肌肤的养成是至关重要的，那究竟我们应该多吃一些什么食物会让肌肤变得细腻红润呢？

当然不是说固定只吃以下列举的这些食物，而是尽量提高以下食物的摄入量就可以了。

1. 西兰花

西兰花又叫绿花菜，我叫她"美人草"。

因为是一种富含大量维生素 A、胡萝卜素和维生素 C 的食物。对我们的肌肤和身体

Part 7
About
牙齿保养

日常
保养

隐形
牙套

吐气
如兰

Part 8
About
手脚护理

抗老
护理

手指
护理

足部
护理

Part 9
About
头发护理

日常
护理

有很多的好处。

多吃西兰花可以增强肌肤的抗损伤能力，富含的抗氧化物质和营养成分也可以帮助排除体内毒素、改善气色。特别是上班族，每天对着电脑工作数小时，大量辐射被体内吸收，多吃一些绿色蔬菜可以有助于细胞再生，维持肌肤弹性。回家一份少盐少油、不放味精的上汤西兰花做晚餐，其实是很好的减肥餐选择。

2. 牛奶

牛奶毋庸置疑是首当其冲的美肤好帮手。

定期食用牛奶可以增强肌肤张力、改善肌肤细胞活性、有效消除细纹和延缓肌肤衰老，而且对肌肤美白有很大的功效。

早起喝一杯牛奶可以清理肠道，促进身体对营养的吸收。晚间一杯牛奶可以帮助肌肤在夜晚进行细胞更新。

虽然现在有很多含牛奶萃取精华的护肤品，我偶尔还是会每周固定几天，在沐浴的时候用牛奶从肩头淋下去，来滋润身体，并留下淡淡帮你助眠的牛奶香。

3. 苹果

有种说法是：每天一苹果，医生远离我。

苹果是抗辐射效果极强的水果之一。据美国有关人员调查，苹果的抗辐射效果远远大于芦荟和仙人掌。而且苹果适合各种年龄段各类人群食用。每天吃 2~3 个苹果，不仅能保证肌肤的营养，更会使病痛远离你。

但是很多人吃苹果时会把苹果皮削掉，其实这样反而使营养流失了。因为苹果皮中富含大量抗氧化元素，可以有效地防止紫外线等对肌肤的损害。所以。吃苹果时千万不要削皮哦。我早上喜欢把苹果留皮去核切块，放到玉米粥里煮后，打入蛋花做早餐。这个可不是传说中的黑暗料理，而是均衡营养又好吃的早餐，大家不妨试试看！

4. 黄豆

忘记了是哪个广告里一开始是一个青花瓷碗里装满清水，再放入一块如玉般温润的豆腐。沉淀，悠远……这个画面一直记得很清楚。

黄豆是有名的低脂肪高蛋白，并且含有丰富的维生素 E、矿物质和水溶性纤维等。豆制品里含有的异黄酮可以延缓女性细胞衰老，保持肌肤弹性，很好地防止色素沉着。常吃低脂肪量的黄豆制品不仅可以美肤还可以健康地减肥。

我妈妈一直很喜欢用 5~6 种豆子泡一晚上，早上起来打豆浆喝。坚持了几十年，让妈妈的皮肤一直很光滑。

Part 7
About
牙齿保养

日常
保养

隐形
牙套

吐气
如兰

Part 8
About
手脚护理

抗老
护理

手指
护理

足部
护理

Part 9
About
头发护理

日常
护理

5. 蜂蜜

蜂蜜是一种营养价值极高的食物。

富含 6 种人体生命活动所需的氨基酸，还有抗氧化、抵挡自由基等的葡萄糖转化酶。大量 B 族维生素和维生素 C 可以有效改善肌肤的营养状况。增强肌肤抗菌力和活力、防止肌肤干燥、促进新陈代谢并且可以减少皱纹等肌肤问题。

经常使用蜂蜜还可以改善便秘，促进肠道毒素自然排出。身体里没有毒素，自然面部肌肤也就不会冒出粉刺、痘痘等问题了。

蜂蜜的抗氧化功效，尤其惊人。很多食物，如果浸入蜂蜜当中，是可以保持很久而不会腐坏的。

当然，蜂蜜中调和一些红糖来做唇部或身体磨砂也是很好的小方法。

但什么时候最适合喝蜂蜜呢？有句话这样讲：朝朝盐水，晚晚蜜汤。早上起来喝淡盐水可以帮助肠道蠕动，促进排毒。晚上喝一杯蜂蜜水，可以为身体补充矿物质。也为晚间的肌肤修复，身体排毒提供能量。

6. 鱼肉

鱼肉也是一种很好的美肤食物。

鱼肉富含非常多的钙和磷、维生素 A、维生素 D 和碘等微量元素。常吃鱼肉可以使人肌肤光滑润泽。有效降低皱纹的产生、提高肌肤光泽度，使面部红润有光泽。有种说法，

头皮
保养

修复
受损

Part 10
About
内调外养

喝出
水润

吃出
美丽

Part 11
About
健身

运动妆

运动装

运动后
的保养

每周吃 2 次鱼肉的人，皮肤的细纹会爬上来得比较慢。

不过关于细纹，还有一个经验证明：使用真丝枕套，可以有效减缓肌肤细纹的产生。

7. 红色水果

像西瓜、番茄、樱桃等红色水果都是抗辐射的法宝。

它们都富含大量的番茄红素，会在肌肤表面形成一道天然屏障，具有消除自由基、抵抗外界紫外线等的效果。并且可以促进血液中弹性蛋白和胶原蛋白相结合，使肌肤充满弹性。

长期食用红色水果，里面的番茄红素还有褪黑、祛斑等效果。而且，在食材当中，红色入心。多吃红色类的食物，可以帮助我们补充"心气"。如果你最近总是提笔忘字，或者容易咬舌头，就不妨多吃点红色的食物，以补"心气"。

8、橄榄油

橄榄油其实是一个"全能王"。除了可以食用、帮助降血脂、预防多种癌症外，对于我们的肌肤护理也有很大的帮助！在身体乳中加入适量橄榄油，就可保持肌肤水润；洗完头发半干时，在发梢处涂抹适量橄榄油，并且辅助按摩，让头发最大程度吸收养分。

我们吃下去的食物，慢慢地改变着我们。改变着我们的体味，改变着我们的呼吸，改变着我们的心跳，改变着我们的思维，还有我们的肌肤。

MAGIC HAUS

摩殿 MAGICHAUS INTELLIGENT NUTRIENTS 45 天排毒籽粉

Intellimune Antioxidant Super Seed Powder Complex – 45 Day Supply 30 g

MAGIC HAUS

摩殿 MAGICHAUS INTELLIGENT NUTRIENTS 排毒籽油

Intellimune Antioxidant Super Seed Oil Complex 130 ml

PART 11

第十一章
如何去健身房脱单
ABOUT GYM

01 运动时候怎么化妆最得体

　　虽然说运动时不建议化妆，因为可能在你被跑步机和私人教练虐完之后让你花妆到把自己吓一跳。还是会有很多人甘愿当小白鼠以身试法带妆健身，而且是浓妆！难道这不是自掘坟墓为大烟熏妆做前提准备嘛？可能你会狡辩说下班就去健身房，怎么可能不带妆嘛？毕竟上班还是要化美美的妆容啊，来不及卸妆就跑到健身房去健身，不夸我勤奋也就算了，还说我带妆健身不对，臣妾做不到啊。

　　化妆是一种好状态的展现方式，这也是为时刻遇到心仪的他做准备。但是，你能确保健身之后被汗水晕花的妆容能够为你带来桃花？

　　所以就算运动要化妆，建议裸妆最好，毕竟这是一个焕颜裸妆依旧流行的时代，素颜带妆傻傻分不清，也是在健身房脱单的上上策！

一、为肌肤做个按摩

　　健身前很有必要为肌肤做一个按摩，促进血液循环、排除水肿，也会为后续的底妆产品与肌肤的贴合度打好基础。

在为面部做按摩时可以先将面霜均匀涂抹在脸上，轻柔地由内向外、由下向上按摩，这样可以跟地球的地心引力方向逆行，对肌肤起到紧致的作用。

二、关于健身时粉底的使用

不建议在健身时采用粉底液打底妆，因为粉底液中含有油分，这样会在健身时阻塞毛孔，造成闷痘的危害。

三、防晒

脸颊的肌肤整体是非常饱满的，毛细血管也较少，肌肤状态较轻薄，很少会有瑕疵。做好防晒功课就显得尤为重要了，否则柔嫩的肌肤上增添斑点就不太好了。即使健身是在室内进行，紫外线也会通过玻璃折射进室内，肆无忌惮地侵害你的肌肤。记得有位年龄较长的粉丝问我"防晒产品要用到什么时候？是不是老了，肌肤松弛了、斑也多了，就不需要再涂抹防晒了？反正涂了也没用。"我回答："一年四季都要涂防晒！用一辈子！"粉丝接着问："一年四季？这辈子都离不开防晒了！24小时都要涂？"嗯，遇到这种粉丝我也只好憋笑耐心解释："除了睡觉的时候不涂，任何时候都要涂！"

四、素颜霜

最快的底妆选择是素颜霜，既不用担心质地较厚，也无需担心不定妆导致脱妆快。

五、眼线

画眼线时一定要紧贴睫毛根部，用一只手提起眼皮，使睫毛根部充分露出来，然后沿着睫毛根部画出细细的一条若隐若现的眼线，后眼角适当向后拉长，可以放大眼睛。尽量选择眼影膏，这样的质地会比较不容易花妆。运动的时候，画一条防水眼线。就算不涂眼影清清爽爽不也很美么？

六、眉毛

使用眉粉，从眉尾下方慢慢填满眉间的空隙，均匀过渡到眉头，然后用棕色系染眉膏淡化亚洲人原有的黑色毛发，打造出自然褐色平眉即可。

七、唇

记得为嘴巴涂上一点润唇膏或者裸色系口红就搞定啦！

八、卸妆

如果认为素颜霜会堵塞毛孔，其实尽可不必太担心。毛孔本身就有着排汗的功能，所以记得运动后马上卸妆就好喽！就算是只涂了防晒也要卸妆！

其实对于肌肤来说眼部和唇部的皮肤较柔弱。为了不伤害到皮肤组织，最好分区卸妆。选用专门的眼唇卸妆产品，先卸眼妆、唇妆，最后再用面部卸妆产品卸掉整个面部的妆容。

将洁面产品置于掌心，添加一点温水，双手揉搓出泡沫再使用于面部。

洁面产品在起泡的这个过程中会释放出一点热量，如果直接涂抹于脸上起泡会对肌肤产生刺激。先洗角质层较厚的额头和鼻翼，然后再清洁皮肤较薄的双颊部位。

当然，你也可以选择植村秀的洁颜油。一瓶卸除所有顽固彩妆之后也无需再使用洁面产品。清洁的同时，还可以帮你润养肌肤。

九、最后建议去健身房运动就别用刘海啦

如果是没有刘海会难受的人，记得戴一个发带啊。在汗水流下来的途中帮你把汗水都吸走，避免刘海群魔乱舞的尴尬。

每时每刻为肌肤消除不需要的"负能量"，才能迎接健身"正能量"的来临！

头皮
保养　　修复
　　　　受损　　Part 10
About
内调外养　　喝出
水润　　吃出
美丽　　Part 11
About
健身　　运动妆　　运动装　　运动后
的保养

侯聪专业推荐

shu uemura

植村秀

shu uemura 植村秀琥珀臻萃洁颜油

ULTIME8　450 ml

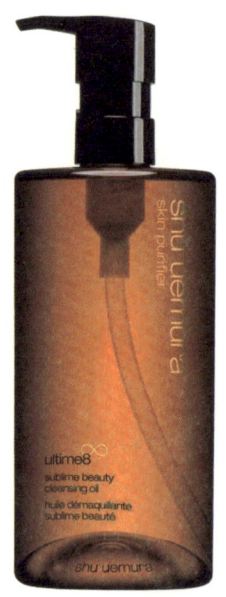

BIOTHERM HOMME

THE HEALING POWER OF LIFE PLANKTON*

碧欧泉男士蓝钻精华水

FORCE SUPREME LIFE ESSENCE
100 ml

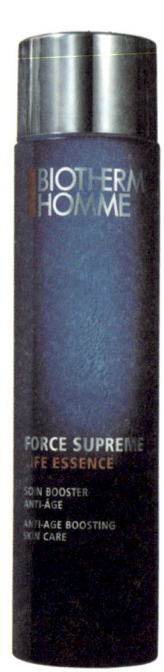

运动时候穿什么撩人又舒适

　　健身，是一种强调肌肉健壮与美的运动，起源于古希腊，据说最初只有男性参加（嗯，诸位女读者看到会不会觉得很开心啊）。在当时呢，以男子粗壮的脖子、发达的胸肌、粗壮的双腿为美，听起来倒像是在说现代的某些厨子。

　　而现代健美运动则由德国人尤金·山道开始。早期健美比赛裁判通常由解剖学与雕塑艺术家等组成，现代健美比赛裁判则由具健美协会组织专业认证的裁判组成。然而社会上对健美的评价不一，也有不少人认为过度发达的肌肉反而让人体失去了均匀的美感。

　　现代健身却不仅以男士为主，越来越多的女性也参与进健身的行列中来，不过很多人去健身房打卡的次数为一年一次、一年两次不等。因为有些人是冲着拍照去的。

　　健身除了能强健身体，同时也能够让身心放松，我常常在工作一天累到无力时依然坚持去健身。即使偶尔想偷懒，教练也会准时召唤我。不愧是中国好教练，每次我的私教课都是在 30 分钟热身，1 小时健身中结束。我是热爱健身的，健身使我快乐，因为我发现健身之后不仅将一天的疲累都赶走了，心情也会变得不错。再加上我在健身房健身的时候见过很多尴尬搞笑事，也成为我撰写文章的一小部分素材来源。

头皮
保养　　修复
受损　　Part 10
About
内调外养　　喝出
水润　　吃出
美丽　　Part 11
About
健身　　运动妆　　运动装　　运动后
的保养

凭心而论，觉得真的很有必要和大家分享一下运动的时候穿什么撩人又舒适。起码在这种公众场合健身时穿什么可是件不可疏忽的大事儿。

1. 比如说在更衣室换衣服时，有位男士迟迟不肯换衣服，他同行的朋友已经换好衣服边走边催促他了，但这位男士依然站立不动，后来才知道原来这位男士穿了一条奶奶级别的内裤不太好意思，就是那种深蓝色褪成旧旧的浅蓝色再加上白色小碎花图案的内裤，自行脑补一下！

2. 当然也有穿着不合理的衣服运动，做剧烈运动时造成衣服开裂的现象。曾经目睹过一场身材与力量不相符的比赛，只听某肌肉男很自豪地大喊一声，举起50KG的哑铃，却看到旁边一位身材纤细的女孩子举起了60KG，肌肉男不服输加到80KG，结果牛仔裤开裂影响了发挥，输给了女孩子。这位肌肉男的装扮为牛仔裤搭配白背心，看起来的确足够青春活力，但和健身房的运动小达人们相比格格不入。看来肌肉男的健身经验还没有到炉火纯青的地步。

健身穿着小建议

1. 做有氧运动时建议穿着专业健身服装，运动舒适型为主，现在市面上的健身背心，背部的镂空、交叉带设计也会为女士们增加一丝撩人气息；男士们记得穿专为运动选手设计剪裁的运动专用内裤，这种内裤透气性好，可以很好地保护你身体最柔软的部分，并且让你的臀部看起来更翘。

2. 做无氧运动时建议做好防护措施，避免肌肉拉伤。对于初学者而言，可以先选取容易上手的训练器材，制定好时间，不要盲目追求效果，重要的是循序渐进的过程，坚持下去才能得到满意的答案。

Part 7
About
牙齿保养

日常
保养

隐形
牙套

吐气
如兰

Part 8
About
手脚护理

抗老
护理

手指
护理

足部
护理

Part 9
About
头发护理

日常
护理

成为健身房时尚达人的其他建议

1. 去设施相对全面的和费用偏贵的健身房。遇到问题时及时咨询专业的教练，遵循教练指定的健身计划。毕竟贵的健身房可以遇到多金男与窈窕女。可能某一时刻就在这里确认过眼神，遇见对的人。

2. 以减肥为目地的健身会让运动的过程有压力，保持积极向上的心，尽力去做，顺其自然就好。

3. 并不是去健身房才可以健身，在办公室里同样可以实施健身小方法。比如说坐在椅子上，端正坐姿，后背挺直，双膝并拢与地面呈 90 度，同样可以达到瘦身目的。

4. 友情提示运动过后不要马上洗澡，因为运动后心跳加快，血液循环加速，体外毛孔扩张，若马上洗澡，体温急剧下降，毛孔来不及收缩，给微生物及病菌入侵的机会就不好了。最好休息 30~45 分钟后用温水淋浴，搭配使用一款成分天然的沐浴露，像来自法国普罗旺斯的兰西碧黑茶马赛液皂就是个不错的选择，呵护滋润肌肤的同时通过按摩缓解运动后的肌肉酸痛感。

健身不仅可以帮助身体外部得到"修饰"，对于朝九晚五的上班族也是一个很好的减压方式，可以使心情舒畅、精神愉悦，促进新陈代谢，将身体健康推到一个正常的维度上，对于培养人们克服困难，磨炼刻苦耐劳的顽强意志具有良好的作用，健身是一件很有乐趣又极其有意义的事，而且当下健身已经成为一个时尚的话题，让我们在健身的同时拉近与时尚的距离吧。

COMPAGNIE
DE PROVENCE
兰 西 碧

兰西碧黑茶马赛液皂

LIQUID MARSEILLE SOAP
500 ml

SAVON
LIQUIDE
DE MARSEILLE
THÉ NOIR
LIQUID MARSEILLE
SOAP
BLACK TEA

运动完怎么保养和怎么吃 03
才能不浪费你消耗的辛苦

什么样的事情会让大家感觉到快乐？我先说：看到真诚的微笑，完成一样自己满意的工作，运动之后吃好吃的！

平时吃好吃的也就算了，运动后吃好吃的总会有一种负罪感，因为辛辛苦苦运动后消耗的热量，可不能因为一顿饭就让体重回到解放前。否则很打脸。

当然那些健身中你经常安慰自己的话也是你变得更好的阻碍：

1. 偶尔吃一次快餐没关系，就当是自己达到减重小目标之后的奖励，下一次减掉2.5kg 后再奖励自己吃一顿黄焖鸡。你清醒一点好嘛？快餐业才不会告诉你一份套餐有多少热量呢！

2. 跑步时扶着扶手就没那么累，不至于昏厥。如果你这么做，那么将会少消耗 20%的热量。

3. 节食就会瘦，吃饭就会胖。断食达到 12 小时，基础代谢将会下降 40%，基本约等于无用功咯！

4. 跑步腿会变粗。相信我，你见过哪个跑马拉松的人小腿会粗？专业人士分析说："现代人最多的姿势是坐姿，久坐会导致我们屈髋关节的肌肉处于缩短位置，紧张无力，当我们跑步时，这块肌肉用不上力，导致大腿正面的股四头肌主导发力，长此以往腿肯定会变粗！"所以给到的建议是在跑步之前先进行腿部的拉伸运动，或者是原地高抬腿，这样就可以避免在跑步时造成腿粗的现象了。

5. 连跑一个月减肥。过胖体质不适宜跑步，体重每增加1KG，走路时膝盖就增加3KG压力。

对于健身的私教课要抱着一种私教虐我千百遍，我待私教如初恋的精神。要说我最愿意听谁的话，大概就是私教了。当然，除了我大口吃肉的时候。不过健身也不能单单靠每周几节的私教课就觉得自己宇宙无敌了。想要保持苦苦练出的好身材，闲暇时刻也不能放松对腿部线条的警惕！

Part 7
About
牙齿保养

日常
保养

隐形
牙套

吐气
如兰

Part 8
About
手脚护理

抗老
护理

手指
护理

足部
护理

Part 9
About
头发护理

日常
护理

保持苦练好身材的秘诀

1. 如深蹲、箭步蹲、臀桥等。每周两次，每次 3~4 个动作，每个动作做 3 组，每组动作做 15~20 次。动作完成越慢，塑形效果越好。

2. 运动前原地小跳 3 分钟热身，运动后拉伸臀部，修饰臀部线条。腿部的拉伸运动，可消除浮肿，让腿部肌肉更加匀称。

3. 每次运动时，动作交替做，避免臀部肌肉习惯运动模式，形成瓶颈期。

4. 每天泡脚 15 分钟，加速腿部血液循环，赶走烦人水肿腿。平时多做踮脚或踢腿，帮助紧致腿部肌肉，缓解腿部浮肿。

5. 多食用鱼肉、芝麻等有助消除腿部浮肿的食物。

6. 由下向上涂抹腿部按摩霜，雕塑腿部线条。

　　关于健身之后除了鸡胸肉还能吃什么？当然不是火锅、麻辣烫、小龙虾了！对于想要增肌的人，蛋白粉是必不可少的，通常我会在健身之后加水和香蕉做成奶昔，晚餐基本上是水煮芥兰、水煮菜花、水煮鸡胸肉、无油煎牛肉这些了。或者粗粮食品也不错，少量多次的摄入，多喝水、多喝汤增加饱腹感，早餐一定要吃，多吃水果，酸奶代替饮料。管住嘴、迈开腿，多运动永远是减肥成功的最大筹码。

　　虽然有些时候也觉得有难以坚持的可能。比如说夜跑路过烧烤摊的时候，真的很想来上 20 串烤得流油的羊肉串。但是如果你想要让自己的身体更健康，不想让自己的健身成为浪费，不想让自己花掉的私教课程费用打了水漂，还想成为一个自律又自由的人的话，那么 20 个羊肉串的诱惑好像也没有那么大了。

真正的快乐，
是学会与自己相处的快乐。

身边朋友总絮叨生活缺少仪式感，我却不同意这种说法。因为生活从来都是美的，从不缺乏仪式感，我们只需从内心将其唤醒即可。

比如每天早晚两次的肌肤保养对我而言就是一场有味道、有声音、有接触、有节奏的浪漫体验。

比如说在花道中悉心剪枝配色；在香道中暖身静心；品茶道的"和静清寂"等，都是我生活中非常重要的仪式感，所以希望你也能在阅读这本书之后找回一些属于你的仪式感了。

虽然忙碌是生活带给你的，似乎大家吃饭恋爱工作都希望快节奏，效率当先，但是有时欲速则不达，我们需要先慢下来，才能快起来。若是两三分钟把至少7件以上护肤品用在面部，这就不是在护肤，反而是在"虐肤"。如同闲云野鹤般听风观雨的慢节奏吃掉一碗燕窝是享受，两三分钟吃掉一碗滚烫的燕窝是虐待，属于一个道理。

而我坚定地认为：有花道、香道、茶道，自然也可以有护肤之道。

每天早晚两次固定的护肤仪式感，让我们的生活变得有规律，也让我们的身心变得更加平衡与健康。因为，我们每天早晚两次，借由手掌与工具的重力与温度，将护肤品中的能量传递给肌肤的同时，也给我们内心带来抚慰的能量。

不管你是为了保持肌肤健康，还是延缓衰老，抑或追求晨露般剔透的美肌，那么护肤的仪式感应该成为你日常生活中不可或缺的一部分。

仪式感不是作秀给人看，而是让原本略显不堪的生活变得诗情画意。生活就是遇强则强，遇善则爱的过程。

在生活中努力前行，把每一天的日子都过得不一样的开心快乐与精彩，生活自然会帮你。

尽管说不止一次被工作室的人嘲笑说喜欢茶和香有点像老年人，但生活真正的快乐是学会与自己相处的快乐，吃好每一餐，过好每一天，让每一天都能看到光、触碰到爱就是仪式感给你的最好反馈。

其实写书真的是一件会让人上瘾的事情，会从之前的毫无头绪慢慢变成井井有条，对于我这种经常出差的人来说，闭关一段时间专心写书已经会觉得时间似乎多出许多。

写书不只是写给他人看，也是为自己答疑解惑。要感谢的也很多，感谢出版社的工作人员、感谢工作室的同事们、感谢品牌们的支持，也感谢我自己，更要感谢生活。

让我们从护肤开始，唤醒内心对生活的美好仪式感。

让我们每一天都能看到光、触到爱。